Vue de la Villa del Foro, ancien forum à trois mille d'Alexandrie,
prise de face et du coté du Tanaro

EXCURSION

A LA VILLA DEL FORO

ANCIEN FORUM APPELÉ PAR QUELQUES GÉOGRAPHES

FORUM STATIELLORUM

SITUÉ A 3 MILLES DE PIÉMONT OU A 7 A 8 KILOMÈTRES D'ALEXANDRIE

MÉMOIRE

LU A LA SÉANCE EXTRAORDINAIRE

DE LA SOCIÉTÉ DES INDEFESSI

LE 7 JUILLET 1810.

PAR Mr LESNE

Inspecteur des Hôpitaux Militaires,
Membre de plusieurs Sociétés Littéraires.

ALEXANDRIE,
DE L'IMPRIMERIE DE LOUIS CAPRIOLO,
en mai 1811.

A Monsieur le Comte

De Cossé - Brissac

Préfet du département de Marengo

Membre de plusieurs Sociétés Littéraires

et Président honoraire de celle des Indefessi

d'Alexandrie.

Monsieur le Préfet,

Le vif intérêt que Vous portez à la modeste association Littéraire des INDEFESSI, *la consistance que lui a donnée votre présence, le nouveau lustre qu'elle tire de vos lumières et de vos talens, l'attachement que nous vous portons tous, nous feront une sorte de devoir bien doux de vous mettre successivement au courant du produit de nos faibles travaux depuis votre départ.*

La première fois que vous parûtes à l'une de nos séances publiques, et que votre discours éloquent rendit une des plus brillantes et de plus intéressantes, en nous témoignant le regret de ne pouvoir vous trouver à nos réunions aussi souvent que vous le desiriez, vous nous dites que votre pensée n'en serait pas moins au milieu de nous; notre pensée aussi, M. le PRÉFET, *ou pour mieux dire, notre affection, comme celle de vos administrés, vous a suivi à Paris et jusques au berceau de vos illustres ancêtres. Absent, vous étiez présent pour nos cœurs ; nous partageâmes les inquiétudes et les alarmes que vous causa la maladie cruelle de votre digne Compagne ; nous partageâmes aussi votre joie et votre bonheur, lorsque nous aprîmes que la meilleure des épouses et la plus tendre des mères était hors de tout danger. Maintenant que nous vous possédons de nouveau, et que nous voyons autour de vous folâtrer des gages plus nombreux de votre tendresse mutuelle, rien ne manque à nos desirs.*

Invité pendant votre absence à lire un mémoire à l'une des séances des INDEFESSI *où nous eûmes l'avantage de voir siéger M. le Baron Danois de Schubart, vice-Président de l'Académie Italienne de Livourne, je fis part d'une de mes excursions à la* VILLA DEL FORO, *ancien établissement Romain voisin d'Alexandrie; j'exposai les petits monumens que j'en avais rapportés; je lûs une dissertation sur quelques uns de ces monumens, et sur l'ancien* FORUM *autrefois établi sur les lieux mêmes où est situé le Village appellé* VILLA DEL FORO. *J'esquissai quelques traits du tableau qu'offre* Pompeia; *j'entrai dans quelques autres digressions amenées naturellement par le sujet. Mon mémoire fut entendu avec indulgence et intérêt; et quelques personnes m'en ayant demandé copie, l'idée me vint naturellement de le faire imprimer; et ce qui m'a déterminé à lui donner quelque publicité, c'est l'opinion qu'a émise M.* BOTTAZZI, *dans le chapitre IX de son savant ouvrage sur les antiquités de* TORTONE, *relativement au nom distinctif qu'a dû porter anciennement notre* Forum *et au territoire dont il faisoit partie. Cet ouvrage intitulé* Le Antichita di Tortona, *etc., a été imprimé en* 1808 *à Alexandrie ; il est répandu parmi nous ; son auteur estimable, s'est, suivant moi, évidemment trompé dans le chapitre qui traite de la* Villa del Foro, *et non seulement je n'ai pas dû garder le silence à ce sujet, mais je crois devoir combattre à l'aide de l'impression une erreur propagée par elle, et revendiquer en faveur des bons* Statiellins *une portion de leur territoire, dont M.* Bottazzi *a trop généreusement gratifié ses antiques compatriotes les* Dertoniens.

Je serai amplement dédomagé des recherches que m'a occasionnées cette petite production ; si elle a pû mériter votre suffrage et vous plaire ; veuillez au moins l'agréer comme un faible gâge de mon sincère attachement, et des sentimens de la haute considération avec lesquels j'ai l'honneur d'être.

Monsieur le Préfet,

Votre très-humble
et tres-obéissant serviteur,

Lesne

EXCURSION

A LA VILLA DEL FORO

ANCIEN FORUM APPELÉ PAR QUELQUES GÉOGRAPHES

FORUM STATIELLORUM

SITUÉ A HUIT KILOMÈTRES ENVIRON D'ALEXANDRIE

EN REMONTANT LE TANARO.

MESSIEURS,

LES Romains ont joué un si grand rôle sur le globe que nous habitons, ils nous ont laissé des souvenirs si imposans, qu'il serait difficile de voir sans intérêt les divers théâtres où ces anciens maîtres des peuples connus ont exercé leur domination et formé des établissemens. Le philosophe se plait au milieu de ces ruines qui attestent notre puissance et notre néant, et qui sont pour lui un sujet fécond de réflexions profondes ; il contemple avec recueillement les lieux où sont encore empreints les pas de ceux qui nous ont devancés dans la carrière ; il aime à se retracer les enceintes des Villes qui ont renfermé des hommes célèbres par leurs connaissances, leurs talens et leurs vertus, ou fameux par leur force, leur courage et même leurs forfaits. L'antiquaire entousiaste et éclairé recherche avec avidité tout ce qui peut lui donner des notions sur les anciens habitans des terres qu'il parcourt, tout ce qui peut lui donner des éclaircissemens sur leur origine, leur histoire, leurs mœurs, leurs combats, leurs émigrations, enfin sur toutes les révolutions qu'ils ont éprouvées : tous les monumens qui rappellent leurs usages, leurs habitudes, leurs goûts, leurs costumes, ont quelque chose qui pique la curiosité même des personnes les plus superficielles, et que l'on citerait peut-être comme les plus indifférentes en matière d'antiquité. Je n'oublierai jamais l'impression que firent les monumens d'*Herculanum* et de *Pompeia* sur l'imagination de certains voyageurs froids et peu instruits, qui nous avaient accompagnés de Naples, en quelque sorte par complaisance; il serait difficile surtout de peindre comme ils furent frappés, électrisés et enflammés en entrant dans *Pompeia*; en voyant sa caserne, ses théâtres, ses temples et ses autres édifices sortans des décombres; en parcourant ses rues à peine déblayées, et portant sur leurs larges pavés les traces écrites des chars qui les ont souvent traversées ; en visitant ses maisons auxquelles il ne manque que les toitures, ses boutiques qui conservent encore leurs anciennes dispositions et qui semblent attendre des denrées, des marchands et des acheteurs. Ils ne quittèrent qu'avec regret cette superbe maison de campagne qui tient à la Ville, et qui dût être ensevelie des premières sous la cendre qui n'épargna point l'un des grands hommes de l'antiquité. Ils revenaient sans cesse dans ces apartemens qui attestent le bon goût de leur ancien maître, dans ces vastes celliers témoins silencieux de son aisance, où de nombreuses amphores sont restées intactes et rangées avec ordre, et dans lesquelles on recherche envain un doux nectar evaporé, ou qui a cédé sa place à la poussière brulante qui pénétra partout, semblable au fluide le plus subtile. Ils ne pouvaient quitter la porte du jardin où l'on trouva le squelette du malheureux, ayant encore des clefs et une bourse remplie de monnoies précieuses ; ils se faisaient raccouter les faits historiques qui ont rapport à l'éruption dont ils voyaient les funestes effets ; ils exigeaient du Cicerone, les détails le plus minutieux ; enfin j'ai vû ces hommes insensibles aux chefs d'œuvre des Raphael, des Jules Romain et de tant d'autres; s'exposer à de grands désagrémens en trompant la surveillance des gardiens, et se glissant furtivement pour détacher et dérober quelques plaques de fresques échappées à la fureur d'un Volcan terrible et à l'injure des tems. Cette métamorphose, MESSIEURS, n'a rien qui doive vous surprendre; tout ce qui nous rappelle une catastrophe, nous intéresse et nous émeut fortement; notre imagination sans cesse occupée de chercher à pénétrer dans l'avenir, éprouve aussi une bien douce satisfaction à se reporter sur le passé, et un grand désir de le ratacher au présent. (*) (1)

Habitué dès ma tendre jeunesse à l'étude et au travail, mes voyages et des circonstances particulières m'ayant donné entre autres goûts celui de l'histoire des anciens peuples et de l'archéologie en général, un attrait involontaire me porte vers les lieux qui peuvent m'offrir quelques moyens d'instruction, quelques monumens ou quelques restes d'antiquité. M. MIGLIORINI, notre cher colègue, m'ayant parlé plusieurs fois d'un ancien établissement Romain peu éloigné d'Alexandrie, où l'on trouvait de tems à autres des médailles, et même de petits monumens en bronze,

(*) Voyez les notes à la fin de ce mémoire.

je formai naturellement le projet de m'y transporter; une idole, dont je parlerai plus bas, trouvée a la suite d'une pluie d'orage, et que M. BACIOCCHI Maire de cette Ville eût la complaisance de me prêter pour la faire déssiner, et la connaissance qu'un heureux hasard me fit faire de M. de COCONA, propriétaire à la VILLA DEL FORO, les invitations honnêtes que je reçus de cet ancien militaire affable, les soins et les peines qu'il se donna pour me procurer quelques objets qui pussent m'intéresser, quelques médailles qui me furent apportées, toutes ces circonstances réunies achevèrent de me déterminer à faire enfin l'excursion long-tems diférée, et par suite le petit travail, qui forment le sujet dont j'aurai l'honneur de vous entretenir aujourd'hui.

La matière était peut-être assez importante pour être traitée moins à la hâte; mais ne voulant point rester muet dans une séance, où l'illustre étranger qui y préside, ne dédaigne point de prêter une oreille attentive à nos essais, je me suis empressé de mettre la dernière main à une notice qui m'a demandé des recherches et quelques soins, persuadé qu'elle pourrait vous intéresser, et dans l'espérance surtout qu'elle serait accueillie favorablement et avec indulgence.

La Villa del Foro, appellée aussi par corruption Villa del Foco, et par abréviation Villa del Fò, qui fût jadis un établissement intéressant des Romains, n'est plus maintenant qu'un Village peu important, faisant partie de la Mairie d'Alexandrie, et dont le nom rappelle principalement l'origine.

Vous savez, Messieurs, que le mot *Forum* avait plusieurs acceptions chez les Latins : qu'il signifiait une place publique destinée aux assemblées du peuple et au bareau ; une place affectée à la vente des denrées, des subsistances et des bestiaux, ce que nous rendons par le mot *Marché* ; une place ou une portion de territoire réservée pour la réunion des négocians et marchands étrangers, et que nous appellons *Foire* : (2) vous savez enfin que par le mot *Forum* les Latins entendaient aussi une ville bâtie pour une colonie, dans laquelle se trouvaient des édifices publics destinés au commerce, des Magistrats d'un ordre supérieur, et un Tribunal étendant sa jurisdiction sur un certain arrondissement.

Souvent, suivant la réflexion de certains écrivains, et comme le dit après eux M. Bottazzi, le *Forum* établi pour le commerce, et appellé primitivement *Conciabulum*, avait été le noyau d'une Ville importante : en effet du concours des vendeurs et des acheteurs il résultait nécessairement des affaires de conséquénce, des conventions, des contrats et des difficultés sur lesquelles la justice avait à prononcer : les magistrats portèrent pour la commodité du commerce leurs tribunaux ambulans dans ces lieux de réunion qui prirent le nom de *Forum* ; des familles nombreuses s'y établissaient par spéculation ou par gout ; peu-à-peu la population s'accroissait ; la petite colonie prenait la forme d'un village, d'un bourg et d'une ville même qui parvenait aux premiers rangs.

Le *Forum* pris dans sa grande acception était un établissement avantageux pour la colonie, avantageux pour les peuples soumis à la domination Romaine : c'était un bienfait du fondateur dont il prenait le nom ; et souvent pour distinguer entr'eux differens établissemens de ce genre, qui avaient un même fondateur, on y ajoutait la position topographique ou le nom des peuples chez lesquels ils étaient situés. C'est ainsi que le *Forum* établi par J. César à Udine ou dans ses environs, s'appellait *Forum Julii Transpadanum* ou *Carnorum* pour le distinguer de *Frejus* ou du *Forum Julii transalpinum* ; ainsi des autres.

Rien n'annonce qu'il ait existé autrefois une grande

ville dans l'emplacement où est située la Villa del Foro, ou dans ses environs. J'en juge d'abord par les indices que l'on peut tirer des fouilles et des fondations antiques que recouvre une couche de terre peu épaisse; ensuite par ce qu'il est probable que Diodore de Sicile, Pline, Strabon, Tite-Live et les autres auteurs anciens qui nous ont laissé quelques détails sur les villes principales des Liguriens, nous auraient conservé la mémoire de notre *Forum*. Je ne parle point de l'itinéraire d'Antonin, ni de la table de Peutinger, qui ont pû ne point en faire mention, attendu que ce *Forum* ne se trouvait sur aucune route militaire.

Quoique notre *Forum* n'ait pas eû l'honneur de figurer parmi les villes célébres des Liguriens, tout porte à croire qu'il était un point intéressant, et qu'il formait un établissement d'une grande importance, et ayant un territoire étendu dans sa dépendance: c'était un lieu destiné à servir de foire, à rendre la justice et à maintenir des relations de commerce et d'amitié entre les *Staticllins* et les autres peuples voisins. Il n'est point douteux qu'il ne fût peuplé d'un grand nombre de familles Romaines, soit qu'elles y eussent été transférées, soit qu'elles fussent venues s'y fixer librement; et que ces familles ne formassent la majorité de la population : c'est au moins ce que pensaient les ecrivains du moyen âge. Et suivant le témoignage de George Merula, les habitans de la Villa del Foro conservèrent long-tems même après la destruction de la puissance des Romains, leurs mœurs, leurs langue, leurs usages et leurs cérémonies religieuses. Il est présumable que ce lieu renfermait de beaux et nombreux édifices conformes à la destination d'un Forum, tels entre autres que celui qu'on nomme la *Foire* à Alexandrie : et je dirai ici en passant que les Italiens semblent avoir plus particulièrement, et par tradition, conservé cet usage des Romains. C'est ainsi qu'il y a un superbe établissement de ce genre à Bergame ; qu'il en existait avant les dernières guerres, à Brescia, à Vicence etc., et que l'on en voit dans d'autres villes que je m'abstiens de citer. (3)

Ce qui prouve en faveur de l'importance de l'établissement de notre *Forum*, et annoncerait assez qu'il était embelli d'édifices intéressans, c'est la rage avec laquelle les barbares, en haine du nom Romain, en ont opéré la destruction et le bouleversement ; ce sont les inscriptions, les vases, les statues et tous les monumens précieux qu'on a tirés des fouilles qui ont été faites, suivant ce qu'assurent, LAURENT BURGONTIO, GUILLAUME SCHIAVINA, GEORGES MERULA, ARCANGE CARRACIA et tant d'autres.

Quoique l'on ne puisse faire valoir que des conjectures, et s'appuyer de probabilités, en avançant que la fondation de notre *Forum* est due à J. CESAR, je partage à cet égard volontiers l'opinion de M. BOTTAZZI: l'on sait en effet, comme il en fait la remarque, que CÉSAR a fondé beaucoup de ces établissemens; qu'il s'occupait des peuples de la Cisalpine avec un soin particulier, et qu'il chercha à gagner leur affection et à s'en faire des partisans, en les comblant de faveur et de bienfaits; soit pour ne point trouver en eux d'obstacle à ses conquêtes dans ses gaules transalpines, soit qu'il roulât dans sa tête des projets plus ambitieux encore.

En admettant que J. CÉSAR est le fondateur de notre *Forum*, on doit en conclure naturellement qu'il a pris le nom de *Forum Julii;* mais comme plusieurs de ces établissemens portaient le même nom, et que les auteurs ne se donnaient pas toujours la peine d'y ajouter la désignation distinctive; comme même il leur est arrivé quelque fois de confondre un *Forum* avec un autre; il serait possible que quelques uns d'entre eux eussent eû l'intention de parler de celui dont il est ici question : quoique il en soit de cette supposition que je donne comme hasardée, j'espère prouver que le nom distinctif qui convenait à notre *Forum*, était celui de *Forum Statiellorum*. Je dirai pourtant que je ne l'ai trouvé dans aucun historien ou géographe ancien, et que peut-être PHILIPPE FERRARI est le premier qui ait désigné la VILLA DEL FORO sous cette dénomination ; le fait est qu'elle a été adoptée par BAUDRAND et les autres géographes qui sont venus ensuite.

M. Bottazzi est le premier qui ait prétendu que cet ancien *Forum* devait s'appeller *Forum Juliiriensium*, et il fonde le sistême qu'il a développé dans le chapitre IX de l'ouvrage que j'ai cité, sur ce qu'il appelle deux preuves convaincantes et de la dernière évidence : la première c'est que la VILLA DEL FORO, suivant M. l'Abbé CHENNA, et surtout d'après une anecdote de saint BAUDOLIN, n'était pas anciennement du ressort de l'évêché d'Acqui, mais bien de celui de Tortone ; la seconde est une inscription trouvée à Anghiera dans les environs de Novare, et rapportée par MURATORI, MAFFEI, ZACCARIA et par M. BOTTAZZI lui même, sur le témoignage de M. l'abbé AMORETTI.

On voit en lisant là dixième ligne de cette inscription comme M. Amoretti, qu'un certain Metelius Marcellinus, Dertonien, réunissait sur sa tête plusieurs titres honorables, et entre autres celui de Patron de de la Colonie du *Forum Juliiriensium.*

Voici le raisonnement analisé de M. Bottazzi: les diocèses des anciens évêques comprennent les anciennes divisions des peuples; la Villa del Foro, dans des tems réculés a fait partie du diocèse de Tortone; donc elle a fait partie de la colonie *Dertonienne*, ou d'un démembrement de cette colonie: d'ailleurs, continue M. Bottazzi, le territoire des *Iriens* devait se composer de ceux de *Libarna*, *Dertona* et *Iria*; et dans tous les cas au moins si *Iria* a eû un *Forum*, il a dû être établi sur le territoire de sa colonie, et cette colonie n'a pu être qu'un démembrement de celle de Tortone, qui a dû conserver sur ce démembrement une espèce de droit de patronage. Or dit-il dans l'ancien territoire des *Iriens*, tel qu'il lui a plû de le composer, ou dans celui de Tortone en particulier, nous ne connaissons aucun lieu qui porte la denomination de *Forum*, excepté la Villa del Foro; donc le *Forum Juliiriensium*, que notre inscription est venue rétablir dans l'histoire de la Ligurie, ne pouvait être situé que dans l'emplacement de la VILLA DEL FORO.

Je crois avoir fidèlement fait ressortir dans ce peu de phrases les moyens les plus spécieux que fait valoir l'auteur des antiquités de Tortone, dans le chapitre étendu qu'il a consacré à l'établissement de son sistême.

Je suis bien loin de chercher à déprecier en rien le mérite de M. BOTTAZZI : ce respectable auteur des antiquités de Tortone a souvent puisé à de bonnes sources; son ouvrage a dû lui couter des recherches, et des fatigues; il lui fait honneur, il respire partout le bon citoyen, le bon Ligurien; mais il m'est impossible d'être de son avis sur la VILLA DEL FORO; et je ne crois pas qu'il ait convaincu ni persuadé, aucun des savans qui ont fait un étude particulière de l'histoire des anciens peuples de la haute Italie. (4)

D'abord en admettant même que dans les premiers tems de l'église les diocèses aient étés calqués sur les démarcations des anciens peuples, y comprises leurs petites divisions multipliées, ce qui serait assez difficile à prouver, malgré le droit d'élection; au moins l'on ne peut être forcé d'admettre que plus tard, les Goths, les Lombards, CHARLEMAGNE et ses successeurs se soient astreints dans leurs dotations des églises et des évêchés de suivre ces anciennes démarcations. N'y a-t-il jamais eû des erreurs, des emprises, des démembremens dans les diocèses limitrophes? les arrondissemens et les réssorts des évêchés n'ont'ils jamais éprouvé de mutations par les changemens des limites des états, les nouvelles divisions territoriales, ou enfin la volonté suprême des chefs de l'église? (5)

En admettant encore que la Villa del Foro ait fait dans un tems, partie du diocèse de Tortone, parce que S. Baudolin qui y résidait, et y vivait en hermite, a été cité pour rendre compte de sa conduite devant l'évêque de Tortone; doit-on être forcé de convenir, que cette terre, dans les tems les plus réculés, faisait partie du territoire des *Iriens*? la conséquence en est-elle aussi rigoureuse que le prétend M. Bottazzi? n'existe-t-il pas une charte du 6 ou du 8 février 938, en vertu de laquelle Hugues et Lothaire rois d'Italie font au comte Aleram donation de la terre du *Forum*, qu'ils déclarent être située dans le oomté d'Acqui? un acte aussi public, d'un intérêt ausssi grand alors, et qui place le *Forum* dans l'ancien territoire des *Statiellins*, n'a-t-il pas quelque chose de plus positif, de plus respectable, de plus authentique qu'une anecdote peut-être défigurée, peut-être mal classée de la vie d'un saint peu connue au déhors, et composée long tems après notre charte, par des religieux vivant loin du monde.

Mais poursuivons, et nous allons voir tout l'échaffaudage de M. Bottazzi s'écrouler, et la base de ses raisonnemens disparaître ; nous avons la vie de S. Baudolin, écrite par Arcange Carracia, moine de Rivalta, et imprimée à Alexandrie en 1600 : nous y voyons qu'effectivement saint Baudolin injustement dénoncé par les chanoines du *Forum*, fut obligé d'aller se justifier devant l'évêque de Tortone ; mais l'auteur explique parfaitement cette démarche : il dit que S. Baudolin fut d'abord dénoncé à l'évêque d'Acqui son chef *immédiat*, qui, convaincu de son innocence, le renvoya chez-lui, en lui témoignant les plus grands égards et la plus grande considération ; et que les chanoines furieux de n'avoir pû se venger, s'adressèrent pour le calomnier de nouveau à l'évêque de Tortone, leur supérieur *médiat* et vicaire au-delà du Pô de l'archevêque de Milan, métropolitain. En rétablissant les faits dans leur ordre naturel, l'on voit que l'on ne peut tirer aucune conséquence de la démarche de S. Baudolin. Arcange Carracia combat avec force l'erreur que reproduit M. Bottazzi, et j'ai placé au rang des notes, l'avis qu'il donne aux lecteurs a ce sujet. (6)

Quant à la seconde preuve de M. Bottazzi, je conviens avec lui que des inscriptions découvertes par hasard ont quelque fois fait révivre pour l'histoire, et retrouver des villes, dont les noms s'étaient en quelque sorte ensevelis sous leurs ruines; nous en avons un exemple bien frappant, rélativement à Velleïa: j'ajouterai que des médailles trouvées dans les derniers tems, ont rempli les lacunes de certaines dynasties de rois d'Orient, dont les règnes probablement très-courts n'avaient rien offert de remarquable, ou qui avaient mené une vie obscure et oisive, et qui étaient morts comme ils avaient vecu, sans bruit et sans éclat.

Mais l'inscription dont s'appuie M. Bottazzi, n'est pas un titre qui ne puisse être contesté; cette inscription a été vue par les antiquaires les plus célèbres et d'un grand poids en archéologie, Muratori, Maffei, Zaccaria et plusieurs autres. Ils ont lû *Forum Julilliriensium* et non *Juliiriensium*: on leur a objecté qu'on ne connaissait en Illyrie d'autre *Forum*, que le *Forum Carnorum*, et qu'il n'était pas probable qu'un habitant de Tortone eût été protecteur d'un *Forum* aussi éloigné. Mais l'on sent l'insuffisance de pareilles objections. Qui peut prouver qu'il n'existait pas un *Forum Juliil-*

Iliriensium? quant aux distances, qui empêchait qu'un citoyen de Tortone n'eût rempli de grands emplois en Illyrie, et ne fût nommé protecteur du *Forum* qui se trouvait en cette province? n'avons nous pas des étrangers pour administrateurs supérieurs, pour sénateurs, pour protecteurs auprès du souverain?

J'admets pourtant que nos grands antiquaires se sont trompés, parce qu'il est en effet plus probable que l'inscription porte réellement *Forum Juliiriensium*, et parceque l'on doit croire que M. l'abbé Amoretti antiquaire d'un grand mérite et prévenu, a apporté récemment dans la transcription de ce monument tous les soins et toute l'attention possibles: il en résultera delà qu'une colonie aura été envoyée à *Iria*, sur les ruines de laquelle est probablement bâtie Voguère, appellée *Vicus Iria*, *Vigueria*, et que ses habitans avaient un *Forum* qu'ils devaient à la libéralité de J. Cesar; ce que nous aurions ignoré, sans la découverte du marbre qui porte cette inscription intéressante: mais que peut-on en conclure de plus? où voit-on que les *Iriens*, ou les habitans *d'Iria*, étendissent leur territoire jusqu'à la Villa del Foro, et que ce soit là précisement le *Forum* dont l'inscription rappelle la mémoire? et comme il est permis d'opposer inscription à inscription nous invoquerons celle de T. CALVENTIUS citée par plusieurs auteurs, et M. BOTTAZZI lui-même, et de laquelle on peut naturellement tirer la conséquence que les habitans de notre *Forum* étaient de la tribu PAPPIA, c'est-à-dire de la même que les habitans d'Acqui ; tandis que M. BOTTAZZI a prouvé que les *Dertoniens* étaient inscrits dans la tribu PONTINA, ce qui est bien contraire à son sistême. (7)

Lorsque l'on n'a que des conjectures à faire valoir, il faut au moins qu'elles soient naturelles et appuyées sur des probabilités. D'abord on croira difficilement avec M. BOTTAZZI, que *Libarna et Dertona* fussent comprises dans le territoire des *Iriens ;* parceque d'après le témoignage des anciens, *Dertona* était une ville d'une bien autre importance qu'*Iria*, qui devait être le chef-lieu des *Iriens*; et parceque PLINE, qui cite douze des peuples les plus marquans de la nation Ligurienne, n'aurait pas manqué de nommer les *Iriens* dans le même passage où il dit que *Libarna*, *Dertona* et *Iria* étaient au nombre des villes les plus célèbres de la Ligurie. Comment admettre maintenant que les habitans *d'Iria* et des environs eussent passé sur le territoire des *Dertoniens*, eussent enfin traversé une barrière aussi forte que la basse Bormida pour venir communiquer avec un *Forum* qui leur aurait appartenu sur le *Tanaro?* les *Iriens* ne devaient-ils pas plus naturellement se fixer sur les bords de la *Staffora* ou de la *Scrivia* que l'on appellait alors *Ira* ou *Iria*? et quoique nous ne trouvions dans Pline, ni dans aucun autre auteur ancien, les limites exactement tracées de tout le territoire occupé par ce peuple qui faisait partie de la nation Ligurienne, et que l'on a appellé les *Statiellins*, *Tatelins*, *Statielesins*, *Statiellates*; nous manque-t-il des moyens pour les rétablir raisonnablement, et surtout telles qu'elles devaient être dans les tems les plus reculés? une fois certains principes admis, ne pouvons nous pas tirer des conséquences naturelles des habitudes des peuples, et surtout des bornes que la nature leur indique pour leur surêté et pour fournir à leurs bésoins?

Il est constant que tous les ecrivains modernes et du moyen âge, se sont accordés à placer les *Statiellins* entre le Tanaro et l'Orba; et que les anciens nous désignent Caristo et Acqui comme leurs villes principales, qui devaient conséquemment se trouver dans une sorte de centre de leur territoire. Le rang qu'occupait ce peuple, la guerre qu'il osa entreprendre contre les Romains, annoncent des forces et une population respectable. En examinant maintenant la position géographique dans laquelle nous trouvons déjà les *Statiellins*, nous sommes portés à croire que ces antiques habitans du haut ou nouveau Monferrat, avaient leur point d'appui à cette extrémité de l'Apennin que nous nommons *Montenotte*; que c'etait là en cas de besoin leur rempart et leur forte position militaire; (8) que longeant l'Orba et la basse Bormida, ils avaient à leur droite les confins des *Genoates*, des *Libarniens* et des *Dertoniens*; peut-être avec une langue de terre et un passage pour arriver sur le territoire des *Velleïates*; (9) qu'ils étaient bornés à leur gauche par le Tanaro et le territoire des *Bagiennins*; et que descendant ainsi par les vallons de l'Orba et de la Bormida, du Tanaro et du Belbo, ils arrivaient dans le riche bassin environné du revers des collines du haut Monferrat, et borné par la basse Bormida et le bas Tanaro qui viennent confondre leurs eaux derrière Alexandrie; qu'enfin les terres fertiles de quelques uns de ces vallons et du bassin dont nous venons de parler, leur fournissaient des vivres en abondance. Tout porte à croire encore que les *Statiellins* tournant leurs regards du côté de la mer qu'ils appercevaient du Montenotte, descendaient aussi jusqu'à Savone et quelques autres ports ou rades du voisinage, dont ils auront été expulsés par les peuples qui vinrent établir leur colonies sur les rivages de la mer de Ligurie (10).

Ainsi donc, Messieurs, quelques soient les argumens que l'on a voulu tirer de l'anecdote de Saint Baudolin, et de l'inscription trouvée à Anghiera, tout prouve que les *Iriens* n'ont pû venir couper les limites naturelles qui les séparaient d'un peuple plus puissant; que les *Iriens*, dis-je, et les *Dertoniens* mêmes, n'ont jamais passé la Bormida.

Non vous ne pouvez en douter, braves habitans d'Alexandrie ; vous descendez des bons *Statiellins*, qui, après avoir courru aux armes à regret, ont combattu valeureusement les Aigles Romaines, et si bien défendu la liberté ligurienne, qui, après une dernière tentative et un dernier effort, s'est ensevelie sous les ruines de Caristo. (11)

Mais la barbarie du consul Popilius Lenatus vient nous rappeller un spectacle trop cruel. Détournons les yeux de cette scène affligeante ; rentrons dans le vaste et paisible champ des conjectures flatteuses et des douces illusions ; supposons que J. César touché des malheurs d'un peuple qui avaient attendri et révolté le Sénat, ait cherché à le consoler de ses désastres, et à se concilier son affection en lui accordant un *Forum*, qui ne pouvait être situé pour lui d'une manière plus avantageuse que sur les bords du Tanaro. Voyons cet établissement s'accroître rapidement et devenir bientôt florissant ; que notre imagination se reporte au temps de sa prospérité, et s'y repose quelques instans ; et concluons que FERRARI, quoiqu'il ait souvent donné dans l'erreur, a eû raison de désigner la VILLA DEL FORO sous le nom de *Forum Statiellorum* ; et que BAUDRAND et les autres géographes, qui sont venus ensuite, ont eû également raison d'adopter cette dénomination; puisque tout démontre que ce *Forum*, et même l'emplacement sur lequel est bâtie Alexandrie, faisaient partie des terres des *Statiellins*.

J'aurais pû peut-être, en vous parlant des *Statiellins*, vous dire quelque chose des anciens *Liguriens* ou des peuples Aborigenes de la Ligurie; chercher à vous retracer le territoire qu'ils ont occupé ; vous indiquer leurs points de contact avec les Etrusques et les Gaulois, et jusqu'où ils s'avançaient dans les plaines qui prirent ensuite les noms de Lombardie et de Piémont ; faire une courte dissertation sur leurs mœurs, leur idiome, leur esprit de commerce, leur courage, les divers peuples qui composaient cette nation belliqueuse;

essayer de vous peindre sa position fâcheuse, lorsque d'un côté les Grecs et les Tyrentiens s'emparerent de ses côtes, et que de l'autre les Etrusques, et ensuite les Gaulois descendus des Alpes, la chassèrent de ses plaines fertiles; lorsqu'enfin les Romains vinrent lui ravir la liberté, seul bien qui lui restait dans ses montagnes arides et escarpées. Mais c'eut été dépasser les bornes que je me suis prescrites, et je remets à d'autres tems le soin de traiter cette matière abstraite et difficile: que dis-je, nous avons à Alexandrie un savant respectable qui a rempli une partie de cette tâche avec succès. M. Alexandre Tonso, conseiller de préfecture du département de Marengo, a fait imprimer en 1784 à Pavie, un ouvrage intèressant sur les Liguriens, plein d'erudition et appuyé de citations courtes, mais qui forment des points de raliemens extremement utiles. (12)

Je quitte les digressions dans lesquelles je me suis laissé entrainer, pour revenir à la Villa del Foro. (13)

Nous avons vû qu'il est hors de doute, et que tous les témoignages s'accordent à prouver, que la Villa del Foro est bâtie sur les ruines d'un *Forum*, dont J. César est probablement le fondateur, et qui aura conséquemment pris le nom de Forum Julii; qu'étant sur les terres des *Statiellins*, en faveur desquels il est présumable qu'il aura été fondé, il a dû être connu dans le tems sous le nom de Forum Julii Statiellorum; et que dans l'incertitude du nom de son fondateur, Baudrand et d'autres ont eû raison de l'appeller Forum Statiellorum. Nous avons vû que quoique notre *Forum* ne se fut pas élevé au rang des villes du premier ordre, il n'avait pas moins dû être un lieu important, peuplé et embelli de beaux édifices; que sa population en grande partie était composée de familles Romaines, et que cet établissement sans doute intéressant pour le commerce, fût détruit de fond en comble par les Barbares lors des irruptions qu'ils firent en Italie.

Si nous voulons maintenant considérer notre *Forum* après le passage des Barbares et dans le moyen âge, nous le voyons sortir de ses ruines et se relever non pas aussi brillant, mais plus simple et prenant le nom modeste de bourg, *Forovicus*, comme l'appelle Luitprand. Nous le trouvons peuplé et concourant puissament à la fondation d'Alexandrie. Mais après cet effort, notre bourg tombé par l'emigration de ses habitans, dans la classe des villages, des hameaux mêmes, ne figura plus dans les actes que sous le nom peu rélevé de VILLA, bornant toute sa gloire à y joindre un titre qui rappelle sa noble origine; et n'est plus connu que sous le nom de la VILLA DEL FORO, que par une fatalité, de nouveaux barbares estropient et défigurent encore, en l'appellant VILLA DEL FOCO et VILLA DEL FÒ.

En voyant la VILLA DEL FORO se rélever et se repeupler aussi facilement, l'on serait peut-être tenté d'attribuer ce prompt rétablissement à l'activité du commerce, ou à l'état florissant dans lequel se serait trouvée l'agriculture; mais les ravages des barbares ayant ruiné et désolé les peuples, le gouvernement ayant changé, les rélations ne furent plus les mêmes; il ne se fit plus d'affaires sans doute, et le commerce dût être anéanti. Quant à l'agriculture, quoique le sol fût très bon, le *Forum* n'était pas très éloigné de l'épaisse forêt appellée tantôt *Urbs* ou *Urbis*, tantôt *Orba*, et qui, d'après le témoignage de PAUL DIACRE, de RAYMOND TURCHI et d'autres, partait de Pollenzia, venait toucher le territoire d'Asti, et descendant le Tanaro, allait rejoindre l'Orba et passait même la Bormida; (14) il y avait aussi dans les environs du *Forum* des endroits marécageux, autant que l'on peut encore en juger.

Ce fut cependant dans l'agrioulture que les habitans

du *Forum* ont dû trouver des ressources précieuses et même l'aisance. D'abord il est à croire qu'à la faveur de la forêt, ils auront en grande partie échappé à la fureur des barbares, et que l'amour de la patrie et l'attachement au sol qui nous a vus naître, les auront ramenés sur les ruines de leurs habitations, aussitôt qu'ils auront pû se montrer sans danger; il est à croire aussi que la forêt n'occupait pas les meilleurs terrains de cette plaine, qui devait être le grenier des *Statiellins*. Quoiqu'il en soit, une terre dont la bonté devait être connue, leur promettait de les dédomager amplement de leurs sueurs; ils durent donc tourner leurs vues, et diriger leurs efforts du coté de l'agriculture; le besoin, et dans la suite, le désir de secouer le joug des Empereurs Allemands et de se constituer en république, l'énergie que donne l'esprit de liberté et d'indépendance, firent bientôt changer l'état des choses: les marais furent desséchés; la partie de l'antique forêt qui était voisine, tomba sous les coups redoublés de la hâche; une terre vierge se montra bientôt d'une fécondité merveilleuse, et presqu'aussi libérale que les heureuses campagnes au milieu desquelles fût bâtie quelque tems après Alexandrie, qui prit le surnom de *de Paleá*; denomination qui rappelle la fertilité, et qui fût si mal interprétée dans la suite. (15)

Je me rendis, Messieurs, il y a environ six semaines à la VILLA DEL FORO, où je passai trois à quatre jours qui s'écoulèrent bien rapidement. Aidé et accompagné de mon hôte complaisant, je parcourus et j'arpentai plusieurs fois l'enceinte présumable et les environs de notre *Forum*: je visitai tous les lieux qui pouvaient m'offrir quelques traces ou quelques indices d'antiquités; j'envisageai le paysage et la position topographique; j'examinai les terres et l'épaisseur de leurs couches; j'interrogeai les paysans, leur promettant de leur bien payer les monnaies conservées, et les petits vases et ustensiles qu'ils trouveraient ou pourraient avoir trouvés; et j'ai eû lieu de me convaincre, comme vous allez en juger vous mémes, que quelque soit l'état obscur auquel la VILLA DEL FORO se trouve réduite depuis la fondation d'Alexandrie, quelque soit son dénuement de monumens apparens, elle n'en mérite pas moins l'attention de l'amateur d'antiquités; non pas précisement en raison des souvenirs qu'elle nous rappelle, et des monumens curieux qu'on en a tirés, mais en raison de ceux que la terre recele probablement encore, et que l'on découvrirait sans doute au moyen de fouilles entreprises avec intelligence.

Quant aux monumens apparens, on ne voit plus qu'une pierre sépulcrale fort belle, incrustée dans un mur du ci-devant couvent des moines, et portant une inscription en très-beaux caractères et d'une parfaite conservation. Cette inscription rapportée par GHILINI, BURGONTIO et plusieurs autres écrivains, et que l'on trouvera à la fin de ce mémoire, nous apprend que le tombeau dont la pierre a été tirée, appartenait à la famille CALPURNIA. Il existe aussi dans la même enceinte, et incrustée dans un autre mur au dessus d'une porte, une autre inscription trop dégradée pour offrir un sens quelconque; je me suis dispensé de la transcrire. J'ai fait de vaines recherches pour trouver celle de T. CALVENTIUS que l'on y voyait autre fois, comme je l'ai dit plus haut: on la trouvera ci-après avec celles dont j'ai déjà parlé. Il y a dans le couvent, ainsi que dans plusieurs autres maisons, des escaliers et des angles de murs de construction moderne, et bâtis avec de belles briques Romaines; il est même peu de maisons de paysans dans la cour desquels l'on ne trouve de ces briques.

LA VILLA DEL FORO, du tems où florissait son *Fo-*

rum, avait probablement ses belles habitations et ses principaux édifices situés sur une ligne un peu courbe, qui faisait face au Tanaro; au bas de ses murs coulaient les eaux du fleuve, fier sans doute alors de baigner et vivifier des rives fortunées; il s'en est éloigné depuis, et il ne vient les visiter de tems à autre dans ses grosses crues, que pour y commettre des dégats, ou y apporter l'épouvante, et laisser en se retirant un sable froid et long-tems stérile. Les habitations, autant que l'on peut encore en juger, étaient d'une certaine élévation au-dessus du niveau de l'eau; je présume que l'enceinte du *Forum*, était tracée par une muraille flanquée de tours. Le front qui faisait face au Tanaro, présente encore des positions que l'on peut appeller militaires, et que rappellent les noms de *Castello* et de *Rocca*. M. Mellini, chef de bataillon du génie, qui a eû la complaisance de me dessiner les morceaux d'antiquités dont je vais parler, a aussi dessiné deux vues de la Villa del Foro. L'une est prise en venant de Gamalero ou de Cantalupo; et l'autre du coté ou passait le Tanaro. La première vue offre un paysage plus agréable; je me suis fixé à la seconde, comme plus intéressante pour ce qui tient à l'historique et à la destination de notre *Forum*. Les talens connus de M. Melliny, nous garantissent l'exactitude et la vérité de cette vue, qui représente le *Forum* dans la longueur qu'il avait anciennement suivant toutes les apparences : cette longueur est d'environ un demi mille de Piémont, ou d'un kilomètre et deux hectomètres ; sa largeur pouvait être d'un sixième de mille ou de quatre hectomètres : je ne comprends point dans cette étendue les habitations éparses et peu éloignées, comme les deux belles fermes appellées *Palasi* ou *Parasi*, et qui pouvaient faire partie du *Forum*, quoique se trouvant *extra muros*. A chaque extrémité de la ligne qui indique la longueur, est un ravin, qui figure et rappelle une borne naturelle ; et comme ce n'est que le long de cette ligne, et jusqu'à la distance d'un sixième de mille en arrière, que l'on trouve des fondations et des décombres, j'ai lieu de croire que l'on partagera mon opinion sur la longueur et la largeur, que je donne à l'ancien *Forum*. Il n'était point situé sur une route militaire, comme je l'ai dit plus haut. Il avait un chemin qui allait dans la direction de l'embouchure de l'Orba, et qui s'est perdu depuis peu : ce chemin allait joindre la route actuelle d'Acqui ; les habitans se rappellent d'en avoir vû enlever le gravier, pour la formation de cette route dans la partie qui avoisine Alexandrie: un autre chemin allait joindre la voie *Emilia* dans le voisinage de Strevi, en passant par Borgoratto; le troisième allait joindre les terres des *Bagiennins*, en passant par Nizza et Alba. On retrouve encore les traces d'un canal d'irrigations qui venait de la Bormida; c'était aussi à la hauteur de Borgoratto qu'était la prise d'eau de ce canal, qui suivant mon opinion est postérieur aux tems des Romains, et qui allait se décharger dans les environs du beau pont qui mene à Marengo. Le Belbo vient se jetter dans le Tanaro à peu de distance de la Villa del Foro, du coté de St. Damien. Entre le Belbo et les dernières habitations est un des ravins dont j'ai parlé, et vers lequel était le cimetière, ce que je conclus de la grande quantité d'urnes cinéraires et ossuaires qu'on y trouve.

Tous les champs qui avoisinent les habitations actuelles, dans les longueur et largeur que j'ai déterminées, le sol même sur lequel posent tous les bâtimens, n'ont guères qu'une quarantaine de centimètres de profondeur; c'est à dire, qu'on n'a pas besoin de creuser d'avantage pour trouver des fondations, des décombres, des briques et de tuiles Romaines, et des fragmens de vases de toutes espèces; l'on rencontre de tems en tems des chambres que l'on comble après en avoir enlevé les matériaux ; il y a peu de mois que l'on a même trouvé une rue parfaitement tracée. La terre étant légère, sa couche ayant si peu d'épaisseur, l'on conçoit aisément comment dans la saison du labourage, et surtout après des pluies d'orages ou de longue durée, les habitans trouvent fréquemment des monnaies anciennes et beaucoup de fragmens d'objets en terre cuite.

Je fus assez heureux pour voir tomber de fortes pluies, de fortes averses pendant mon court séjour à la Villa del Foro ; c'est alors que je me mettais en campagne, sans m'appercevoir que l'eau du Ciel pénétrait souvent tous mes vêtemens. Le tems était superbe pour moi ; et une monnaie de bronze que j'avais le plaisir de trouver moi-même dans un ravin, un vase que je voyais sortir de terre, et que je me flattais envain de pouvoir enlever sans le briser, une belle brique même, me dédomageaient amplement des désagremens de la boue et de l'humidité, et me faisaient oublier l'heure du dîner de l'ami qui me donnait l'hospitalité. Ainsi l'intrépide guerrier, tout occupé d'un coup de main hardi, tandis que l'ennemi faussement rassuré s'abandonne à un repos funeste ; le généreux

Français captif sur les rivages d'ALBION, qui après avoir trompé la vigilance de ses gardes, a rompu ses fers, et s'est saisi d'une frele nacelle, pour se confier à l'élément inconstant et souvent perfide; l'amant heureux qui va rejoindre l'objet adoré, tandis que le tuteur vieux et jaloux se livre à un sommeil trompeur, trouvent des charmes au milieu des orages et de la tempête, et les préferent même au jour le plus pur et le plus serein; ou pour parler un langage plus conforme au sujet: c'est ainsi que le chasseur patient souffre, sans s'en appercevoir, les injures du tems, en guêtant sa proie, et oublie les fatigues du jour, si le soir il rapporte quelque rare gibier qui atteste son adresse: ou bien encore, c'est ainsi que le bon fermier, qui depuis long-tems voyait se dessécher et périr une plante nourrissière sur son champ altéré, regarde tomber, et contemple avec satisfaction une pluie bienfaisante. Tout entier à l'objet de ses soins et de sa sollicitude; qu'il est venu visiter, il le voit revivre; il oublie qu'un repas frugal se prépare pour lui, que la nuit s'avance, que la pluie a pénétré ses habits grossiers; et lorsqu'enfin il s'en apperçoit, et que la faim l'appelle à la ferme, où l'attend sa famille impatiente, il se console aisément, et retourne gaiement au village, tout plein de l'idée d'une moisson future et abondante.

Voici, Messieurs en quoi consiste le butin que je rapportai de ma course, et le produit de ma petite contribution sur la VILLA DEL FORO; à quoi je joindrai quelques objets qui m'ont été apportés depuis.

1. Un Clou appellé œillet, en cuivre, dont la matière annonce l'antiquité; car il y a long-tems que pour les usages communs on ne se sert que de cloux de fer; on m'a donné plusieurs autres petits objets de la même matière; leur forme n'offrant rien d'intéressant, je n'en n'ai point fait tirer de dessin. (15).

2. Une main de statue en fer, qui aurait pû être de quelque interêt, mais qui ayant considérablement souffert par le feu, n'offre plus qu'une main de squelette, dont le dessin, eût été désagréable à l'œil.

3. Une aiguille de la longueur de 13 centimètres, semblable à celles dont se servent les emballeurs, aussi en bronze, couverte d'une patine ou croute de malachite qui dépose aussi en faveur de son antiquité. (P. 4, fig. 4.) j'ai retrouvé avec plairir au musée de Parme plusieurs de ces aiguilles tirées des fouilles de VELLEÏA, et qui peuvent bien avoir servi à contenir les tresses de cheveux des femmes. (16)

4. Une autre aiguille de même métal, et parfaite-

ment semblable à celles dont les femmes se servent pour faire la filoche ; elle est de la grandeur de 12 centimètres ; on en a trouvées beaucoup de semblables à Velleïa. (P. 4. fig. 7.) On en voit aussi au musée de Parme plusieurs dont une seule des extrémités se termine par une double branche : celles-là peuvent bien avoir servi à séparer les cheveux de la même manière que les dents d'un peigne, et ensuite à en contenir les tresses.

5. Une petite cuiller de même matière, de la longueur de 10 centimètres, ayant d'un coté un petit cuilleron en forme de grand cure-oreille, et se terminant en pointe de l'autre : je mets quelque prix à ce petit ustensile parce qu'il est parfaitement semblable à celui qu'à décrit M. de Caylus, et qui se trouve gravé à la planche 125 du tôme 2 de son ouvrage sur les antiquités : je l'avais pris d'abord pour un des instrumens destinés aux sacrifices, ou à répandre des essences. D'aprés l'explication de M. de Caylus je le regardais comme un style, sans être cependant bien persuadé. Le grand nombre de styles trouvés à Velleïa, et que j'ai vus encore recemment au musée de Parme, m'a prouvé que M. de Caylus s'était trompé, parce que la partie du style qui servait à effacer n'est

point en forme de cuilleron, mais plate, et qu'au total le style ne ressemble nullement à notre petite cuiller; M. LAMA, conservateur du musée de Parme la regarde comme un instrument de chirurgiè (17); et dans le fait plusieurs Chirurgiens, que j'ai consultés, se sont accordés à dire qu'elle pouvait être rangée dans la classe des curettes. (P. 4 fig. 5)

6. Deux petits ornemens en cuivre, un peu en forme de demi-cercles, de la longueur de 5 centimètres, sur une hauteur de 1 centimètre 3/4, et une largeur de 1 centimètre; portant une espèce de sphinx assez bien ciselé. J'ai retrouvé avec beaucoup de plaisir au musée de Parme, plusieurs de ces petits ornemens qui servaient à supporter de petites idoles ou de petits meubles délicats. (P. 5 fig. 6)

7. Deux coulans ou boutons percés, et à côtes, d'une pâte de porcelaine verte, et dont la matière mérite quelqu'attention; je ne puis mieux les comparer qu'aux coulans de bourses à argent. (P. 4 fig. 6) Leur hauteur est de 1 centimètre 1/2, le petit diamètre d'un centimètre, et le grand diamètre de près de 2 centimètres.

8. Plusieurs petits fragmens de vases de pâtes très-fines et de diverses couleurs foncées, dont quelques

uns avec des dessins, mais trop endommagés pour offrir rien d'intéressant : un de ces fragmens d'une terre d'un beau rouge, avec un dessin en relief, est parfaitement semblable à ceux qui ont été trouvés au Luxembourg, et au sujet desquels M. Grivaud, membre de l'Académie Celtique, et un de nos Savans antiquaires de Paris, a fait paraître un très-bel ouvrage.

9. Une petite ampoule, dite *lacrymatoire*, en verre, de la hauteur de 6 centimètres et d'une forme élégante, et quelques fragmens de verre également antiques. On aime à prendre dans les fouilles mêmes les vases de cette composition ; ceux que l'on rencontre dans les cabinets n'inspirant pas toujours une pleine confiance, en ce qu'il est difficile de distinguer un verre vraiment antique, d'un verre de quelques siècles. Cependant vous le savez, Messieurs, on a cessé d'agiter la question de savoir si l'usage du verre était connu des anciens : les lacrimatoires que l'on trouve fréquemment, d'autres vases qui ont évidemment servi à d'autres usages, ont achevé de lever les doutes sur un fait, d'ailleurs assez bien constaté par le témoignage de quelques auteurs anciens (18). Notre lacrimatoire est d'une couleur opaline et laiteuse, comme le sont or-

dinairement ces petits vases, soit en raison de leur composition, soit par l'effet des émanations auxquelles ils ont été long-tems exposés. Nos fragmens sont épais et d'une couleur verte franche; ils sont parfaitement semblables à ceux que j'ai vûs à Velleïa: ils annonçent pour leur solidité, et leur forme ronde et convexe, avoir servi de bases ou de pieds à des vases quelconques.

Je ne m'étendrai pas sur l'usage des lacrimatoires chez les anciens. Vous savez, Messieurs, que les Savans ont été partagés sur ce point, les uns étant d'accord que ces petits vases étaient distribués dans les funérailles aux assistans, pour recueillir les larmes que les parens, les amis et les femmes salariées appelées *Præficæ*, Pleureuses, donnaient à la mémoire du défunt: d'autres combattant avec l'arme de l'ironie le supposé d'une abondance de larmes suffisantes pour remplir des vases, dont certains sont d'une assez grande capacité, et prétendant qu'ils servaient à contenir des essences dont on arrosait les buchers. M. Grivaud que j'ai déjà cité, a prouvé dans un mémoire intéressant qu'un usage aussi simple et aussi naturel n'aurait jamais dû être mis en question, et que les vases généralement connus sous le nom de *lacrimatoires* avaient véritablement servi à recueillir les larmes, que les Pleureuses avaient l'art d'exciter et de faire couler de leurs yeux en abondance. Et sans aller chercher bien loin une preuve de la vraisemblance de ce fait, il suffit d'être témoin quelque fois à la campagne d'un convoi funéraire suivi des femmes du village, pour se convaincre que sans le secours d'aucun moyen artificiel, et excitées seulement par les gémissemens de leurs voisines, ces bonnes femmes répandent des larmes en si grande abondance, que réunies, elles pourraient arroser la cendre d'un défunt, ou au moins y être visiblement mêlées, suivant le vœu souvent formé par les anciens. (P. 1, fig. 4.)

10. Une sorte de corne d'un granit extrêmement dur, qui a servi de marteau ou de pierre à broyer : cette corne formant un angle à peu près droit a 9 centimètres de longueur de chaque coté; son grand diamètre est de 6 centimètres.. (P. 4, fig. 2.)

11. Une petite meule d'une forme concavo-convexe, ayant dans le milieu un trou, qui ne va que jusqu'à la moitié de l'épaisseur; elle est d'une lave-poreuse argilo-ferrugineuse, d'une très grande dureté et d'une couleur de gris noir ou bleu. Son diamètre est de 37 centimètres, et son épaisseur moyenne de 6 à 7 : cette

meule a servi à moudre le grain chez un particulier. Vous savez, Messieurs, que les moulins à vent et à eau, surtout les premiers, ne remontent pas à une haute antiquité ; que chaque ménage avait ses moyens de préparer sa farine ; que le soldat même, à qui l'on distribuait du blé, au lieu de pain, portait aussi avec lui les instrumens nécessaires pour réduire ce blé en farine ; qu'outre les mortiers et pilons qui servaient à dégager le grain de sa barbe ou de sa balle, ce qui fit donner aux boulangers le nom de *Pistores*, Pileurs, l'on employait des meules que l'on faisait tourner par le secours des bêtes de somme, et plus ordinairement à force de bras ; et qu'enfin il entrait dans les devoirs et les occupations des femmes de ménages de moudre avec ces meules à bras les grains destinés à la subsistance de la famille. Notre meule est donc un objet curieux, et d'une antiquité incontestable. Il est à observer que sur cette meule s'en adaptait une autre, dont la concavité se plaçait sur la convexité de la nôtre ; et que la meule supérieure est perforée dans toute son épaisseur, ce qui était nécessaire pour donner passage au grain, qui s'écrasait entre les deux meules, dont la supérieure seule était mobile et tournait sur l'inférieure. Une chose qui ne doit point échapper, c'est cette attention des anciens de composer leurs meules de pierres volcaniques, qui non seulement sont d'une très grande dureté, mais qui offrant dans tous les sens de petites cellules ou concavités, à peu près comme les éponges, n'ont jamais besoin d'être repiquées: je présume qu'on les tirait des environs de Sienne ou de Rome; car ce n'est qu'à Sienne que l'on commence à rencontrer les volcans éteints et la lave de la nature de la meule trouvée à la Villa del Foro. Ceux qui iront à Veleïa, en trouveront dix à douze de la même matière et de mêmes dimensions, assemblées par couples; on en voit également au musée de Parme. (P. 4, fig. 1.)

12. Deux plaques de mosaïques composées de petits cubes de pierres calcaires blanches; et une vingtaine d'autres cubes d'un gris noir et de 1 centimètre de hauteur et de largeur. Ces plaques ont été trouvées dans une de ces chambres dont j'ai parlé; il y avait d'autres morceaux que les ouvriers ne se sont point donné la peine d'enlever; ces petits cubes sont absolument les mêmes que ceux des beaux tableaux trouvés à Veleïa, dont un dégradé est encore sur les lieux.

13. Une belle brique Romaine d'une argile bien cuite, ayant 48 à 50 centimètres de longueur, sur

28 à 30 de largeur, et 8 d'épaisseur. Une autre de même longueur et même épaisseur, et ayant un peu plus que la moitié de sa largeur, c'était la demie-brique Romaine; enfin une grande tuile d'environ 80 centimètres de longueur, sur 45 de largeur et 3 d'épaisseur, avec un rebord de 3 centimètres, et de chaque coté un défaut de rebord de 9 cent.

Les Romains avaient dans les premiers tems fait usage de briques séchées; leur peu de solidité fit préférer les briques cuites: l'usage des briques séchées ne s'est cependant point perdu en Italie; on en construit des murs d'énclos, des hangards, des bâtimens rustiques, et même des maisons.

Les Romains avaient des briques de différentes grandeurs; ils en avaient même de deux pieds de long et que l'on nommait *Bipedæ*, et de plus grandes encore; elles étaient employées aux voutes, ou pour carreaux dans les maisons, ou pour remplacer la pierre de taille, quelque fois même on les employait à paver des rues; elles avaient différentes épaisseurs suivant leur objet. La brique que l'on rencontre plus communement à la VILLA DEL FORO est celle que j'ai décrite la première. Lorsque les paysans ne trouvent point à travailler d'une manière avantageuse, ils creusent et fouillent par spéculation, et cherchent des cailloux, des pierres et autres matériaux, qu'ils vendent aux habitans de Solère et des communes voisines; les briques les dédommagent plus particulièrement de leurs peines. C'est ainsi que j'ai vû le bon Curé d'Aquileia faire au tour de l'église des tranchées et des fouilles, pour en extraire des chapiteaux et des tronçons de colonnes, et sur-tout des briques semblables aux nôtres, pour les vendre également à ceux qui font bâtir dans ce triste lieu, où tout rappelle des sièges mémorables, des souvenirs déchirans, et retrace la destruction et le bouleversement, et le passage du fléau de dieu. Le produit des fouilles d'Aquileïa n'est pas le moindre de la Cure. (19).

De toutes les briques que j'avais examinées à la Villa del Foro, aucune ne portait un sigle ou des lettres initiales; je désespérais d'en trouver, lorsque l'on m'en apporta un fragment sur lequel sont empreintes les lettres PHI. malheureusement l'on n'a pû trouver l'autre morceau qui aurait permis de voir si le nom était empreint en entier (P. 3 fig. 5).

Les *Sigles* indiquaient par abréviation le nom du fabriquant, quelque fois celui du magistrat ou du prince qui faisait bâtir l'édifice, ou même en l'honneur de qui cet édifice était bâti. M. Lama m'a dit avoir vû en

Hongrie, si je ne me trompe, un arc de triomphe, dont toutes les briques portent le numéro de la légion qui l'a fait élever. L'on a trouvé, et l'on voit encore à VELEIA beaucoup de briques avec des sigles. J'ai rémarqué qu'en général, les briques, tuiles ou carreaux portant des sigles n'étaient point d'une pâte ordinaire.

Plusieurs des grandes briques de la VILLA DEL FORO ont un creux ou une espèce d'oreille de la longueur d'environ 12 centimètres; ce creux dans lequel les quatre doigts de la main peuvent s'introduire aisément, avait, sans doute, pour objet de donner de la prise et de la facilité pour transporter ces briques pésantes, surtout lors que les murs étaient déjà élevés. (P. 2, fig. 1.)

Nôtre tuile est du nombre de celles que les Romains nommaient *Tegulæ hamatæ* ou *animatæ*. Les rebords servaient à amasser l'eau dans des espèces de rigoles ou canaux plats qui parcouraient paralellement la longueur du toit. Les défauts de rebords servaient à enchasser ces tuiles les unes dans les autres. (P. 2, fig. 3.)

14. Un tuyau ayant servi à un conduit ou petit aquéduc, et une belle pierre ayant fait partie d'un canal pour l'écoulement des eaux; ces deux morceaux en terre cuite. Le tuyau est de la longueur de 45 cent.; son diamètre est de 12 à 13 cent.: l'une des extré-

mités se termine comme la gorge d'un étui, afin de pouvoir s'emboëter dans un autre; l'autre extrémité est faite de manière à recevoir un autre tuyau. La gorge et l'évasion n'ont que 2 à 3 cent. de longueur. (P. 2, fig. 5.)

L'autre pièce est un quarré long creusé d'un coté; le creux ou canal est de la largeur de 15 cent., sa profondeur est de 8 cent. Les cotés collatéraux ont 8 cent. de large. La pierre a 12 cent. d'épaisseur et c'est dans cette épaisseur qu'est pris le canal. Cette pièce est précisement de la longueur et de la largeur de la grande brique qui la couvre parfaitement. Sa matière est intéressante, et nous démontre comment au moyen de la terre cuite les Romains remplaçaient la pierre de taille, qu'on ne trouve point sur les lieux, et qui aurait demandé beaucoup de travail. (P. 2,, fig. 4.)

15. Des pièces de terre cuite semblables à des tronçons ou divisions de petites colonnes que l'on aurait sciées également; j'aurais cru d'abord que l'on réunissait au moyen d'un ciment ces tronçons de la hauteur et du diamètre de 15 cent., pour en former de petites colonnes légères que l'on recouvrait de plâtre que l'on peignait ensuite; et je me suis convaincu à Velëia, où j'en ai vues plusieurs en place, qu'elles étaient destinées à un tout autre usage, et cet article me paraît digne de quelqu'attention.

Le gardien des monumens de VELEÏA, qui m'a assuré avoir été présent lorsque l'on a découvert et dégagé la plus part des maisons que l'on y voit actuellement, m'a dit avoir trouvé ces tronçons sous le pavé des rez-de-chaussée de ces maisons. L'on scait que les anciens, suivant les préceptes de VITRUVE, pour se garantir de l'humidité dans les lieux qui pouvaient y être sujets, commencaient par faire un lit de décombres de pierres ou de cailloux, qu'ils appelaient *ruderation;* que ce lit se couvrait d'un enduit de ciment sur lequel on jettait du sable, des cendres et du charbon; et que l'on posait ensuite à des distances réglées de petits piliers en briques, sur lesquels venaient s'appuyer les briques ou carreaux qui formaient les pavés.

Les petits tronçons dont il est ici question, formés sur les mêmes moules, étaient destinés à remplacer les piles ou petits piliers en briques dont parle VITRUVE. Suivant le rapport du gardien de VELEÏA, on en plaçait trois les uns sur les autres de distance en distance, de manière qu'entre la *rudération* et le pavé il y avait un interval de 45 centimètres, qui était jugé suffisant pour garantir de l'humidité les pavés, et même les enduits servans aux mosaïques; j'ai vû ces tronçons faire le même office, placées trois par trois et supportant ainsi les larges pierres des acquéducs qui environnent la place; et j'ai cru facilement à leur usage pour les maisons des particuliers. Les ouvriers de la VILLA DEL FORO, qui en ont trouvé une cinquantaine, en enlevant les matériaux des chambres dont j'ai parlé, ont peu fait attention à la manière dont étaient placés ces tronçons, qui sont absolument dans les mêmes proportions que ceux que l'on voit à VELEÏA. (P. 2 fig. 6) (20).

16. Un petit crochet de 7 centimètres de haut en forme de double hameçon, en bronze, ayant servi à accrocher les chaînes d'un plateau de balance. On en voit encore de semblables attachées aux fléaux des balances mêmes à VELEÏA, et surtout au musée de Parme, où plusieurs de ces balances sont conservées entières. (P. 4 fig. 3)

17. Un petit bélier aussi en bronze d'un assez bon dessin et parfaitement conservé. La longueur du corps de ce petit bijou est de 2 centimètres, sa hauteur est de 2 centimètres 1/2 en y comprenant la tête, qui est d'un centimètre : il est assez commun de rencontrer dans les cabinets de ces béliers dans diverses attitudes, et des coqs, qui servaient sans doute à orner les autels des dieux Lares, et de simulacres d'offrandes

et de sacrifices à des divinités d'un ordre supérieur (P. 5, fig. 5.) (21).

18. Deux morceaux de terre cuite, dont l'un représente probablement un fruit, une fleur ou un ornement quelconque de fantaisie, l'autre est suivant moi un crocodile ; je regrette que sa partie de derrière ait été cassée: (21) ces deux morceaux servaient sans doute d'ornement dans les environs d'une fontaine ou dans un bassin. (P. 3, fig. 3 et 4.)

19. Un moule de lampe portant dans le fonds le nòm de l'ouvrier que je crois être celui de FORTIS, mais qui n'est plus très lisible, parce que les lettres en creux ont été très fatiguées. Rien n'est si commun que de trouver des lampes antiques, surtout en terre, parce que les anciens, faisant rarement usage de cire, et se servant presque toujours d'huile, employaient les lampes pour les besoins domestiques, s'en servaient dans les temples, et en plaçaient même dans les tombeaux. Mais je ne me rappelle point d'avoir vû de moules de lampes dans les cabinets. (18) Sous ce rapport notre objet serait en lui même fort curieux. Mais ce qui le rend intéressant pour nous, c'est que l'on a mis en question de savoir s'il y avait eû des potiers-Romains établis à notre *Forum*. Le moule trou-

vé tout récemment résoudrait la question, si l'énorme quantité de fragmens de vases de toutes espèces que l'on rencontre dans certains champs, par couches en quelque sorte réglées, ne décidait raisonnablement l'affirmative, et n'annonçait des dépôts semblables à ceux qui ont formé le mont Testacée à Rome. Quant à moi, je n'en fis nulle doute dès le premier jour de mes courses; d'ailleurs il est à remarquer que l'espèce de terre qui couvre le territoire de la Villa del Foro, est très-propre à la poterie. Un *sigillum*, autre monument dont je vais parler, vient encore à l'appui de cette vérité.

L'Abbé Burgontio, pour prouver qu'il devait y avoir d'excellens ouvriers en poterie du tems de notre *forum*, et que l'on y exécutait des ouvrages précieux en raison du travail et de la finesse de la matière, cite une lampe qui lui fut donnée par le Curé de la paroisse, d'une pâte fine, d'un joli dessin et d'une forme élégante, et qui portait sous le fond le mot *Vibiani*, c'est-à-dire, qu'elle était de la manufacture de Vibianus.

Les fragmens dont j'ai parlé à l'art. 8 semblent venir d'abord à l'appui du raisonnement de Burgontio. Mais je ne puis cependant pas être de son avis; car par la raison que l'on trouve des monumens dans un lieu quelconque, ce n'est point une preuve qu'ils y ont été fabriqués. Si par une catastrophe dont le ciel nous préserve, la ville d'Alexandrie éprouvait le même sort que POMPEÏA, HERCULANUM, ou VELEÏA, et que ceux qui ont des objets précieux n'eussent pas le tems de les emporter; que dans dix siècles on fit des fouilles; que l'on trouvât des porcelaines de sèvres, de la vaisselle de Paris, des albâtres de Florence; pourrait-on en conclure qu'Alexandrie renfermait les plus habiles ouvriers de l'Europe? Les jolis meubles, les marchandises de goût se transportent sur les points les plus éloignés. L'on a trouvé à VELEÏA des lampes de ce même VIBIANUS, que l'on peut voir encore à Parme: J'en ai acheté moi même à Verone une fort belle de cet ouvrier, et qui avait été trouvée dans les environs de cette ville; je l'ai gardée plus d'un an à Alexandrie, avant de la porter à Paris.

On ne peut douter qu'il n'y ait eû des potiers établis au *Forum* pour les motifs que j'ai fait valoir dans le premier paragraphe de cet article; que les ouvrages qui sortaient de leurs attéliers aient été recherchés pour la finesse de la matière et la beauté du travail, c'est ce qui est très-possible, mais qui n'est nullement prouvé: et ce qui est contraire à cette assertion, c'est que Pline qui cite *Asta* (*Asti*) et *Pollentia*, comme ayant des ouvriers très-habiles en ce genre, et qui dit que ces deux villes en tiraient de la célébrité, n'aurait probablement pas omis de citer le *Forum*, qui en était peu éloigné, si ses ouvriers avaient pu rivaliser avec ceux d'Asta et de Pollentia. Notre moule à 13 cent. de long, les lampes qui en sortaient en avaient 10. (P. 3, fig. 1.)

20. Un fragment du cou d'un vase en terre portant empreint le mot *Sepulium*. L'ouvrier nommé Sepulius, était probablement établi à notre *Forum*; je le présume par la matière assez grossière et la capacité du vase : car il n'est pas à croire que l'on tirait de dehors ce que l'on pouvait facilement fabriquer sur les lieux, et qui eût été d'un transport couteux et embarrassant. (19) (P. 3, fig. 2.)

21. Une grande amphore d'une assez belle forme, que l'on a réussi à dégager adroitement de la terre, et qui a éprouvé peu d'accidens avant d'arriver chez M. De Cocona; elle a un mètre de hauteur; son fond se termine en cul de pot, et non par une espèce de fuseau destiné à être enfoncé dans la terre et à donner plus de stabilité au vase. Cette particularité rend, peut-être, notre amphore intéressante sous ce rapport. P. 1, fig. 1.)

22. Un autre vase d'une forme tout-à-fait extraordinaire, et imitant dans l'état ou il est une bouteille renversée. Malheureusement on ne me l'a point rapporté entier. J'eusse été bien curieux de m'assurer s'il s'allongeait également en fuseau à l'autre extrémité, et se terminait par un petit orifice; si enfin il ressemblait au vase décrit par M. Grivaud, et qu'il a rangé dans la classe des lacrimatoires. (20) Quoiqu'il en soit, je n'ai trouvé dans ce vase d'une forme si singulière, aucun dépôt qui m'ait donné lieu de croire qu'il a servi à contenir les cendres d'un défunt. Je présume qu'il a servi aux usages ordinaires, et que son orifice auquel s'adaptait un couvercle, n'était guères moins large que sa partie supérieure. Sa hauteur dans l'état actuel est de 43 centimètres, son plus grand diamètre de 16. (P. 1, fig. 2.)

23. Un troisième vase d'une très jolie forme et qui pourrait bien être une urne cinéraire, ou avoir servi à contenir des parfums; c'est probablement à dessein qu'il a été fait d'une matière épaisse; sa pate est une espèce de grés d'une grande solidité. Ses deux anses ont été cassées; sa hauteur est de 30 centimètres compris le cou, qui a environ 12 centimètres; son plus grand diamètre est de 15 centimètres, il a con-

servé une odeur de parfum gâté ou d'huile rance; je n'y ai trouvé aucun dépôt qui constate que ce soit une urne cinéraire; je l'ai présumé d'après sa forme; il est possible pourtant que ce vase ait été employé à contenir de l'huile pour les provisions journalières. (P. 1 fig. 3)

24. Une pièce dont je fais grand cas, et qui est un *Sigillum* en bronze, présentant un carré-long surmonté d'une espèce d'anneau. Ce sceau de la longueur de 6 centimètres sur une largeur de 3 centimètres, présente deux lignes gravées en creux et dans le sens naturel; ensorte que l'empreinte se trouve à contre sens et à la contre preuve, ce qui n'est pas commun et se rencontre cependant quelquefois, comme on peut s'en assurer dans Monfaucon. J'en ai fait tirer quelques souffres que j'ai envoyés à plusieurs antiquaires; tous ont lû finalement comme moi. L. *Viri Urtaiinis.*

Le *Sigillum* servait à divers usages; c'était le cachet du particulier, du magistrat, du souverain même; c'était la marque du fabriquant de briques, de tuiles, de poteries, des boulangers, des ediles et autres qui présidaient aux distributions que l'on faisait au peuple. Il serait difficile de dire à quoi précisement a servi le notre; il est présumable que c'était la marque d'un fabricant de poteries, et qui ne s'appliquait qu'aux grands vases, tels que les urnes et les amphores. Ce *Sigillum* et le moule de lampe dont j'ai parlé plus haut, sont suivant moi des témoins irrécusables de l'établissement de potiers à notre *Forum*. Quant à l'antiquité de notre monument; la confrontation que j'en ai faite avec ceux de ce genre qui sont gravés dans Monfaucon, me porte à croire qu'il peut remonter au tems d'Auguste. (P. 5 fig. 3 et 4)

Enfin, Messieurs, j'ai rapporté une assez grande quantité de médailles en bronze et en argent, dont quelques unes consulaires, le plus grand nombre impériales, depuis Auguste jusqu'aux Valentiniens. En général ces médailles ne sont pas très bien conservées; les seules qui aient quelque mérite, consistent en un fort beau Didius Julianus, et un Trajan en grand bronze. Le Trajan qui est d'une belle conservation porte un revers intéressant: les habitans trouvent aussi quelque fois de vielles monnaies du moyen âge. (21)

Je vous ai parlé d'une figure de bronze ou Idole, qui a été trouvée aussi depuis peu à la Villa del Foro, à la suite d'une grosse pluie. Ce petit monument, qui n'est point commun, a été donné à M. le Maire d'Alexandrie. Comme il est absent je ne puis vous en offrir que le dessin qui est assez exact. Vous verrez qu'il représente un génie ou dieu Lare, peut-être un Bachus barbu, ayant servi de console ou de support à quelque meuble. M. Grivaud à qui j'ai fait remettre ce dessin, m'a envoyé en retour deux gravures de deux autres bronzes à-peu-près semblables trouvés à Paris. M. de Caylus en a fait graver un qui a beaucoup de rapport avec le notre. (P. 5 fig. 1 et 2)

M. Baciocchi possède un petit amour trouvé il y a quatre à cinq ans; il est d'un dessin plus correct, mais malheureusement il a été brisé en plusieurs pièces.

Le produit de ma course n'est sans doute pas très brillant; mais il n'en est pas moins intéressant, parce qu'il est pris sur des lieux qui font partie de la mairie d'Alexandrie, et que les objets qui le composent ont été recueillis tout nouvellement, et en très peu de tems, et qu'ils donnent une idée de ce que l'on peut espérer en faisant des fouilles bien entendues; (22) et ce qui leur donne un intérêt particulier encore, et un caractère de vérité incontestable, c'est le rapprochement et la comparaison qu'on peut en faire avec ce qui a été trouvé à Véléïa, et ce que l'on y voit encore à présent.

Il est possible que cette notice pique la curiosité jusqu'à un certain point, et détermine quelques amateurs à faire aussi une course à la Villa del Foro : je crois pouvoir, quelques soient leurs goûts, les engager à s'y rendre, comme à un but de promenade fort agréable ; pourvu toute fois qu'ils ne se mettent pas en route par un tems de pluie, parceque le chemin des voitures devient alors très glissant et fort mauvais en certains endroits, qui auraient, peut-être, besoin d'être réparés. Mais s'ils profitent de la belle saison, s'ils font à pied ou à cheval le chemin par les sentiers, ils s'appercevront peu de la distance qu'il y a de la ville d'Alexandrie aux lieux qui ont vû naître son patron révéré, S.t Baudolin. Les travaux étonnans des fortifications, les bords frais et rians du Tanaro, les riches coteaux du Monferrat, les vues de Castelletto, de San Salvator et de Lù, les masses imposantes des Alpes, élevant dans les nues leurs têtes altières souvent blanchies par le souffle de Borée, et formant de larges festons sur l'horison ; quelques fermes, quelques bosquets voisins du fleuve, leurs procureront de charmantes distractions. Et si une curiosité bien naturelle les porte au bout de quelque tems à regarder en arrière ; la vue du beau pont du Tanaro, d'une partie de la ville et de la citadelle, de l'église de Moncastello et des Apennins, leur offriront un tableau non moins charmant. Continuant leur promenade à travers de vastes prairies émaillées de fleurs, quelques fois enfoncées, et qui ne leur laisseront entrevoir que de tems en tems quelques uns des points de vues des coteaux voisins et la pointe du Mont-Viso, bientôt ils découvriront une belle ferme bâtie sur une éminence, et devant laquelle ils viendront passer, pour se diriger sur le Casal Bayani, dont ils appercevront le joli paysage. Deux vieux marronniers, des jardins tracés avec goût, des plantations nouvelles, les inviteront à faire une petite halte; quittant le Casal Bayani et les prairies, ils viendront joindre la route des voitures qui traverse des campagnes fertiles; un peu à leur droite ils appercevront le château de la Mesana, les clochers et quelques habitations de Solère; en face et sur toute leur gauche, à leur regards étonnés et satisfaits se déroulera le tableau magnifique d'un vaste bassin borné par les collines du haut Monferrat, sur lesquelles dominent Alice, Monbaruzzio et d'autres groupes pittoresques; ils passeront devant deux jolies fermes appelées *Palasi*, et toucheront à la Villa del Foro. Ils arriverout enfin attirés insensiblement sur les lieux, où Ste Varene n'est pas moins en vénération que St Baudolin ; et sans-doute ils ne croiront point avoir fait un long trajet, lorsqu'ils réfléchiront que la Sainte y est venue du fond de la Thébaïde. On leur montrera un gros bloc de granit qui fait partie d'un mur de l'église, et que cette Sainte souleva et transporta d'une assez longue distance. On leur racontera le miracle curieux des oies de St Baudolin ; on les conduira à l'ancien couvent des Dominicains, où sont les inscriptions dont j'ai parlé ; on leur montrera l'ancien couvent de femmes qui est en face ; peut-être malicieusement leur fera-t-on remarquer un chemin souterrain, au moyen duquel on peut communiquer secrètement d'une maison à l'autre. La nature des terres, leur culture qui est bien entendue, les paysages variés, pourront encore les intéresser et les délasser. S'ils ont choisi pour faire leur course le 1.er septembre, jour de la fête de l'église, ils trouveront à la VILLA DEL FORO une société très nombreuse venue d'Alexandrie et des environs. Ils verront de jeunes et délicates citadines mêlées aux robustes jouvencelles, dansant sur un tapis de verdure, ou à l'ombre d'une vaste tente, la gracieuse monférine, le vif calisson, la valse voluptueuse et charmante; faisant enfin l'ornement d'un bal champêtre, auquel préside la gaîté, qui anime toutes les phisionomies. Ils trouveront dans la maison de M. de Cocona les objets d'antiquités les plus volumineux dont j'ai parlé; famille respectable et intéressante, politesse et prévenances; enfin l'accueil flatteur auquel sont toujours sensibles les personnes honnêtes.

NOTES.

(1) Les amateurs d'antiquités, et qui résidans au-delà des Alpes, ne peuvent, en raison de leurs affaires, entreprendre le voyage long et dispendieux de Naples, auront jusqu'à un certain point, une idée de POMPEÏA, en allant visiter les ruines du VELEÏA, située dans le Plaisantin, sur le revers des Apennins à 16 mille d'Italie de Fiorenzola : je me propose de faire incessamment paraître la description d'un petit voyage à cet ancien et malheureux chef-lieu des VELEÏATES, qui fut enseveli, on ne scait à quelle époque, par l'énorme éboulement d'une montagne voisine, ou par l'effet d'un tremblement de terre, et que le hasard fit retrouver en 1747.

(2) C'était aussi dans le FORUM que l'on célébrait des fêtes, et que l'on donnait des jeux pour le peuple, avant l'établissement des Cirques.

(3) Excepté peut-être les ci-devant foires S.t Germain et S.t Laurent de Paris bâties à l'imitation des anciens, en général en France on est dans l'usage de construire à la hâte des baraques en planches pour le tems des foires ; ce qui présente quelquefois encore l'agréable aspect d'une place vivante et créée comme par enchantement ; mais les édifices en maçonnerie, dans le genre de ceux dont je viens de parler, ont quelque chose de plus noble et de plus grand ; les marchandises y sont plus à l'abri de la pluie et des incendies ; ils contribuent par leur architecture et leurs accessoires, tels que des promenades, des fontaines, à l'embellissement des villes, et offrent des ressources précieuses en certaines circonstances. L'édifice de la Foire d'Alexandrie, que j'ai cité, d'une architecture simple, mais convenable à son objet, mérite quelqu'attention des voyageurs.

(4) L'on imprime maintenant à Turin un nouvel ouvrage de M. le Docteur BOTTAZZI, sur l'antique *Libarna* ; des personnes en état d'en juger, assurent qu'il est fort intéressant.

(5) M. BOTTAZZI, pour appuyer son sistême, cite deux actes de HENRI III, en vertu desquels cet Empereur en 1039 et 1052, donna le *Forum* à l'église d'Acqui, et dit : » le *Forum* a été donné

» à ces époques à l'église d'Acqui ; donc il ne lui appartenait pas » et ne faisait pas antérieurement partie de son diocèse. » Mais si M. Bottazzi s'était reporté à la donation de Luitprand, antérieure de plus d'un siècle, il aurait vû le *Forum* situé dans le comté d'Acqui, conséquemment dans son diocèse, et se serait gardé, je pense, de faire un pareil argument.

(6) Voici comme s'exprime Carracia, feuillet 36 de sa vie de S.t Baudolin : » Ma quì sono astretto, avanti che trattiamo i tra- » vaglj del nostro Baudolino, a fare una digressione per la varietà » che ritrovo nella narrazione, che si fà di questo fatto, e si ve- » drà perchè ho posto prima l'accusa data al vescovo d'Acqui. Quel- » li ch'hanno descritto questa istoria narrano che prima la querela » fosse data nel giudicio del vescovo di Tortona, e che non lo » avendo egli, conforme alla loro intenzione, e volere punito, che » ricorsero dal vescovo d'Acqui. Il che non ha del verisimile, e la » causa è questa ; il *Foro* (come anco quasi tutti questi luoghi, » ora della diocesi d'Alessandria secondo che scrive il Merula) » era sotto la giurisdizione del vescovo d'Acqui. Ora l'ordine del » giudicio ricerca, che uno sia prima coustituito sotto il giudice » ordinario, e non facendo la giustizia, si faccia ricorso a mag- » gior tribunale. E che autorità aveva il vescovo di Tortona sopra » i sudditi del vescovo d'Acqui ? mi sarà forse risposto che il ves- » covo di Tortona fosse vicario di quà dal Pò dell'arcivescovo di » Milano, come testificano alcuni brevi antichi di quel vescovato, » e che pigliasse questa querela come vicario del metropolitano ; e » in questo modo anco, non si serva l'ordine del giudicio. Pertan- » to bisogna dire che nel descrivere questo fatto, hanno posto avan- » ti quello che andava dopo. Diciamo dunque che fu prima ac- » cusato dal vescovo d'Acqui, come ordinario del Foro, e non lo » avendo castigato come bramavano, l'accusarono dal vescovo di » Tortona, come vicario del metropolitano, acciò soddisfacesse al » difetto dell'ordinario. » Nous avons conservé la manière d'orthographier de Carracia.

(7) Il est vrai que M. Bottazzi et plusieurs autres personnes qu'il cite, ne sont point d'avis que les lettres PAP. de cette inscription, que nous donnerons à la fin des notes, indiquent que ce Calventius fût de la tribu Pappia. Mais leur motif ne me paraît pas concluant, et je me range volontiers du côté des écrivains de mérite qui ont placé notre *Forum* dans la tribu Pappia : je cite particulièrement M. Jacques Durandi, auteur vivant et résidant à Turin. Voyez la page 230 de son ouvrage intitulé *il Piemonte Cispadano antico.*

(8) Si les rapprochemens que l'on fait souvent des mots anciens avec les modernes, n'étaient sujets à une foule d'erreurs, si souvent je n'en avais pas vû tirer des analogies les plus ridicules, j'assurerais aussi, pour appuyer mon sistême, que le village de *Stella*, qui est dans les environs du Montenotte, nous rapelle l'emplacement de *Statella* ou *Statiella*, que l'on présume avoir été dans un tems la ville principale des *Statiellins*. Mais je ne prétend tirer aucun avantage de ce raprochement, qui pourrait cependant avoir quelque fondement.

(9) Le supposé de cette langue de terre n'est pas selon mon opinion; j'en laisse légèrement entrevoir la possibilité, parce que c'est ainsi que certaines personnes prétendent expliquer le *Pagus Statiellus* de la table Trajane, en opposition avec M. Pittarelli, qui, dans son explication sur ce monument fameux, donne aux Veleïates une étendue de territoire incroyable. Ces deux systêmes sont, sans doute, également forcés: il n'est pas beaucoup plus vraisemblable, que les *Statiellins*, les *Bagiennins*, et d'autres peuples plus éloignés, s'avançassent jusqu'au de-là de Veleïa, qu'il n'est admissible que les Veleïates étendissent leur territoire d'une extrémité de la Ligurie à l'autre. Muratori donne une explication raisonnable au sujet de ces cantons situés sur le territoire de Veleïa, qui portent les noms des différens peuples Liguriens, et qui ont en partie servi d'hypothèque à l'une des institutions qui fait le plus d'honneur au meilleur des Princes. Je crois avoir trouvé une manière, peut-être, plus satisfaisante d'expliquer ces cantons; je développerai ailleurs mon idée.

(10) Je m'attends à une foule d'objections contre mon plan géographique du territoire des anciens *Statiellins*. On me dira que les *Casmonates*, cités par Pline, se placent ordinairement à Castellazzo on vers le confluent de l'Orba et de la Bormida; et que M. Durandi a placé aussi les *Euburiates* entre le Belbo et le Tanaro. On me dira que la ville d'Alba, située sur la rive droite du Tanaro, était de la tribu Camillia; qu'elle annonce conséquemment un établissement des *Bagiennins* ou *Vagiennins*, qui auraient eû pied sur les terres des *Statiellins*: on n'admettra point que ces derniers s'étendissent jusqu'à la mer, et on m'objectera que la côte depuis Gênes jusqu'à Finale était occupée par les *Sabates* ou *Sabases*, qui avaient un bon port à *Vado*, dans les environs de Savone leur ville principale; on ajoutera enfin que ces *Sabates* touchaient aux *Ingauniens* dont le chef-lieu était *Albenga*, et qui avaient peut-être une origine commune avec eux et les *Intemeliens* qui occupaient *Vintimille*.

Mais je répondrai 1.° qu'il est extremement difficile d'assigner aux divers peuples de la Ligurie leurs limites d'une manière précise ; parceque formant un état fédératif, ils se divisaient en grand nombre; parceque leurs noms ont été souvent défigurés par la faute des copistes, ou le défaut de connaissance exacte des localités ; parce qu'enfin PLINE et les autres auteurs qui en ont parlé, n'indiquent pas quelles lignes géographiques ils ont eû intention de suivre en les nommant, et que souvent ce n'est que par le sens de la phrase que l'on peut juger que tels de ces peuples étaient voisins ou éloignés de tels autres.

2.° Que l'on place ordinairement les *Casmonates* à Castellazzo, par la seule raison qu'on a présumé que leur ville se nommait *Casmonium*, et que l'on y a trouvé un grand rapprochement avec le nom de GAMUNDIUM que portait autrefois Castellazzo. Il y a cependant des personnes qui font dériver GAMUNDIUM du Celtique ou Teuton GUEMUND. Mais en supposant que ce mot rappelle les *Casmonates*, ce qui n'est nullement démontré, il faut que l'on admette que ce peuple borné à un petit territoire, fertile à la vérité, mais sans forteresses, sans positions militaires, devait être nécessairement sous la protection, et même la dépendance des *Statiellins*, dont rien ne les séparait.

3.° Que M. DURANDI, l'un des auteurs modernes, qui ont parlé des anciens peuples Liguriens de la manière la plus savante, la plus profonde et la plus sage, s'est trompé en plaçant les *Euburiates* entre le Belbo et le Tanaro ; puisqu'il parait qu'ils habitaient le long de la mer, comme l'a démontré M. TONSO. Voyez la note 6, page 24 de son ouvrage précité.

4.° Qu'ALBA pouvait avoir quelques possessions sur le territoire naturel des *Statiellins*, mais que cela était sans conséquence, puisque tous ces peuples étaient amis ; que ces possessions ne formaient qu'un point dans la carte géographique des *Statiellins*, ce qui ne détruit nullement mon sistême.

5.° Qu'en admettant que tous les peuples dont nous venons de parler eussent été maîtres du littoral dans des tems plus rapprochés de nous, il ne s'en suit pas que primitivement les *Statiellins* ne venaient pas jusqu'à la Mer. Ne sait-on pas que les malheureux Liguriens ont été chassés de leur rivage par les Etrusques et par les Grecs? ne connaissons nous pas leur caractère audacieux ? comment concevoir qu'un peuple aussi marquant, et du sang des Liguriens eût apperçu la Mer à quelques lieües, sans avoir envie de venir s'établir sur ses bords fortunés? au surplus ceux qui veulent trop restreindre les *Statiellins*, ne réflechissent pas qu'il leur font jouer un rôle extravagant, et que ce petit peuple n'eût plus alors été un ennemi digne de la colère des Romains et dont on se fût vangé si cruellement.

Finalement les limites des *Statiellins* ne sont décrites par aucun auteur ancien, mais elles sont tracées par la nature, comme on peut s'en assurer la carte à la main; et je ne crois pas que l'on me fasse le reproche de ne voir que des *Statiellins*, comme M. PITTARELLI n'a vû par toute la Ligurie que des *Velleiates*.

(11) Je leur donne l'epithete de *bons Statiellins*, parceque les auteurs, qui se sont récriés contre la cruauté du consul LENATUS, les dépeignent comme un peuple doux et bon, qui avait toujours maintenu une exacte neutralité, et entretenu des rapports de bonne intelligence avec les Romains, sans cependant combattre pour eux comme les *Dertoniens*, et qui fut forcé par les autres *Liguriens* à prendre les armes contre la république. La manière dont ils se défendirent n'étonnera point, si l'on réflechit que l'homme le plus paisible et le plus doux déploye souvent un courage de lion, lorsque l'honneur le force de courir aux armes. La noble resistance que les premiers habitans d'Alexandrie opposèrent aux forces de l'Empereur BARBEROUSSE, prouve que le sang des *Statiellins* coulait dans leurs veines.

(12) L'ouvrage de M. TONSO porte le titre modeste de: *dell'origine dei Liguri, ragionamento di* ALESSANDRO TONSO. Sigonius *de antiquo jure Italiæ* liv. 1.er chap. 23. *Cluvier* dans *l'Italia antica*, M. JACQUES DURANDI, M. PITTARELLI, M. l'abbé DENINA et beaucoup d'autres historiens italiens ont parlé des anciens Liguriens.

(13) On trouvera peut-être que je me suis trop étendu sur ses *Statiellins*, dont j'ai déjà dit quelque chose dans ma notice sur Acqui, et peut-être trop appuyé sur la question de savoir si notre *Forum* était établi sur leur territoire, ou sur celui des *Iriens*, ou au moins des *Dertoniens*. Mais les Alexandrins me pardonneront facilement cette longue digression, parcequ'elle tient à l'histoire du pays, qui est pour nous la première de toutes les histoires, et à laquelle nous devons principalement nous attacher, suivant l'instruction de M. DAGUESSEAU citée par M. DURANDI, et ce passage de Virgile que ce dernier a pris pour épigraphe: *antiquam exquirite matrem.* Nous combattons *pro aris et focis*, nous réclamons notre mère légitime; nous n'avons pas dû défendre nos droits légèrement.

(14) C'est cette forêt qui a fait les délices des rois Lombards et les attirait de Pavie leur capitale: c'est-là que l'exercice de la chasse, dont *Marengo* était un des rendez-vous agréables, loin de les fatiguer, leur procurait des délassemens conformes à leurs goûts, et entretenait leur ardeur guerrière par l'image des combats.

(15) L'annuaire Statistique du département de Marengo a été l'écho d'une erreur déjà répétée dans plusieurs écrits sur l'histoire d'Alexandrie. On a prétendu que cette ville avait été ainsi appellée dans son origine, parce qu'ayant été bâtie à la hâte, ses maisons avaient été couvertes en paille; et que le surnom de *Palea* lui avait été donné par ses ennemis, comme un sobriquet et par dérision. D'abord il n'est pas présumable que dans un pays où le sol est d'argile, où il est si facile de fabriquer des tuiles, où le bois ne pouvait être bien cher, puisque l'on était peu éloigné de la forêt de l'Orba, l'on ait été obligé d'avoir recours à la paille pour couvrir les maisons; ce qui d'ailleurs ne s'accorde guères avec l'idée que l'on peut se faire d'une forteresse capable de resister à un puissant Empereur. En second lieu les fondateurs d'Alexandrie avaient de grands moyens à leur disposition; ils étaient soutenus par le puissant parti d'un pape audacieux, qui vit à ses pieds cet Empereur fier, et réduit à recevoir la loi de son heureux rival. En supposant donc que les maisons d'Alexandrie eussent été dans le principe couvertes en paille, comme l'ont été dans un tems celles de Milan, la dérision que l'on prete à l'Empereur BARBEROUSSE eût été déplacée. Au surplus à l'époque de la fondation d'Alexandrie, le mot *Palea* ne présentait aucune idée de misère ou d'humiliation. On ne s'en serait point servi pour dire un homme de paille, un homme réduit à la paille etc. *Palea* est la petite paille qui tient à l'epi, le reste s'appelle *Stramentum*. Alexandrie se fût donc appellée *de Stramento*, si l'on avait voulu lui donner un sobriquet qui eût emporté l'idée de mépris ou de misère, et non de *de Paled* qui rappellait au contraire la fertilité de son sol. C'est ainsi que Nizza qui se trouve dans une vallée riche et fertile, en comparaison de ce qui l'environne, a reçu aussi le nom de *de Paled*. J'espère prouver dans une autre occasion que la plaine dans laquelle a été bâtie Alexandrie, s'appellait vulgairement *Palea* ou *ad Paleam*, avant la fondation de cette ville.

(16) Les anciens employaient peu le fer et le plomb pour les outils et les ustensiles, non pas qu'ils ignorassent l'art d'en tirer parti; mais probablement parceque le cuivre ou le bronze se façonnent plus aisement que le fer, et resistent d'avantage que le plomb et l'étain. Nous voyons encore en Piémont des fourchettes, des cuillers et d'autres ustensiles en cuivre, et que l'on fabrique ailleurs en fer et en étain. Nous nous servons aussi de cloux de cuivre pour nos ameublemens, et nous en faisons un grand usage pour la marine. Il n'est pas rare de trouver dans les fouilles de la VILLA DEL FORO, des cloux en fer de diverses dimensions.

(17) En voyant la quantité de grandes épingles et aiguiles et pe-

tits outils qui surchargent la tête des femmes dans certaines parties de l'Italie, l'on ne peut s'empêcher de croire que ce qui est devenu un moyen d'afficher une sorte de luxe n'ait eû dans son principe un but d'utilité, et que les tresses qui en sont attachées et garnies n'aient long tems tenu lieu de pelottes et d'étuis dont on s'est servi depuis.

(18) M. LAMA conservateur du musée de Parme, élève du fameux ECKHEL, réunit toutes les connaissances qui ont rapport à la numismatique et à l'archéologie; c'est un de ces savans qu'il est bien doux pour un amateur de rencontrer, que l'on connait toujours trop tard, et que l'on quitte trop tôt. Ceux qui iront visiter le musée confié a ses soins, eprouveront comme moi les effets de cette complaisance et même de cette patience qu'il est si agréable de trouver dans un dépositaire des monumens publics.

(19) Je possède une coupe de verre d'une forme extrémement élégante, de couleur d'amétiste trouvée dans les environs de Verone, et dont l'antiquité ne peut être raisonnablement révoquée en doute: cette pièce intéressante que j'ai tenue plus d'un an à Alexandrie est déposée dans le riche cabinet d'antiquités de M. GRIVAUD à Paris. L'on sait que les fabricans de verre ont été chassés de Rome sous TIBÈRE.

(20) L'on peut voir à Turin le restant d'un dépôt de belles briques romaines, dont on a pavé le devant de quelques boutiques sous les arcades dans les environs du sieur Dufour restaurateur; la boutique du libraire Reicend en est aussi pavée en grande partie.

(21) Nous sommes également en usage d'isoler du sol par d'autres procédés, les pavés et surtout les planchés et les parquets, pour les garantir de l'humidité.

(22) L'on sait que le bélier était particulièrement dédié à MERCURE, Dieu du commerce, et que l'on était en usage de lui immoler cet animal dans les tems de foire ou les jours de marché.

(23) Cet animal unique probablement dessiné et exécuté d'une manière assez inexacte, a été jugé par beaucoup de personnes qui partagent mon avis être un crocodile ou un autre animal amphibie. La jambe de devant, les deux de derrière, l'échine, les écailles que l'on remarque sur le dos, semblent justifier pleinement cette opinion. Cependant M. BORSON, professeur d'histoire naturelle de Turin, en a porté un tout autre jugement. Ses yeux saillans, ses barbillons, l'ont fait regarder par ce professeur distingué comme une écrevisse mal exécutée.

(24) Il n'est pas possible de confondre notre moule avec une lampe même. Les noms des fabricans se voient toujours en dessous, et

à l'extérieur de la lampe : ce nom se trouve généralement en relief; je n'en connais qu'une dont le nom est en creux et qui m'appartient, mais ce nom est en caractères grecs, et annoncent avoir été écrit avec un style. Notre moule porte le nom du fabricant dans l'intérieur et en creux; d'où je conclus que pour ces lampes l'on ne se servait point d'un *Sigillum*, dans la crainte de déformer ces petits objets délicats. Notre moule est massif, et d'une grande solidité, l'intérieur seul est creusé d'une manière élégante. Il annonce qu'il lui manque la pièce supérieure, qui s'adaptait et s'attachait facilement au moyen de quatre creux qui indiquent leur objet.

(25) Le paysan de qui je tiens ce morceau d'amphore aurait pû m'apporter de grands fragmens de ce vase, mais les trouvant trop pésans, il en cassa un, et prit le morceau qu'il jugea le plus curieux, d'après les questions que j'avais déjà faites au sujet des briques à sigles. Je dois dire à la louange des bons habitans de la Villa del Foro, que quoiqu'ils ne fussent point fâchés d'échanger avec moi quelques mauvaises médailles contre quelques autres pièces de monnaies courantes, ils ont toujours montré moins d'intérêt que de plaisir à m'apporter quelque chose de nouveau, et de désir de satisfaire la curiosité d'un amateur, qu'ils appellent assez plaisamment dans leur patois, le Monsieur aux longues briques et aux vieilles monnaies.

(26) Ce vase curieux, qui figure dans le riche cabinet de M. Grivaud, a été trouvé en 1805, près de la ville de Bordeaux, et apporté à Paris par le savant M. de Cayla, qui le présenta à l'académie Celtique, et en fit l'objet d'une dissertation intéressante. (Note extraite du mémoire de M. Grivaud)

(27) M. Migliorini, président des Indefessi, possède une assez grande quantité de médailles en bronze trouvées à la Villa del Foro; mais jusqu'à présent il n'a pas été assez heureux pour en obtenir de rares. On ne doit cependant point désespérer d'en rencontrer; il se passe bien peu de jours, sans qu'on ne trouve quelque monnaie.

(28) Les découvertes les plus importantes sont en grande partie dues au hasard; et la fortune aveugle dans la distribution de ses dons, en gratifie souvent ceux qui s'y attendent le moins. Les deux monumens les plus intéressans dont nous venons de parler, en sont une nouvelle preuve. L'idole a été trouvée à la suite d'une grosse pluie, et à fleur de terre, sur un passage non pavé qui mène à l'église depuis des siècles; et le *Sigillum*, dans une étable occupée aussi depuis long tems.

INSCRIPTIONS

Citées dans le mémoire sur la Villa del Foro.

1.ère Inscription qui est incrustée dans un des murs du ci-devant convent des Dominicains.

CALPURNIAE P. F. RUF.
MATRI
L. E. CURTIUS. SP. F.
SALVIVS
LOC. INFRONT. P. XII.

2.e inscription citée par Ghilini, Burgontio, M. Bottazzi et autres, et qui a été enlevée.

T. CALVENTIVS
LIBERTVS PRIMITIVS
PAP. VI. VIR IN SVO
V. F.

3.ème inscription qui forme l'une des bases du système de M. Bottazzi, relativement au territoire dont faisait anciennement partie la Villa del Foro.

C . METILIO
C . FIL : POMP
MARCELLiNo
EQ : R . EQ . P
IVDICI . EX : V . DEC
INTER : SELECTOS . II : VIR
Q . Q : FLAM . DIVI : TRAIANI
PATRONO . COLLEGIORVM
OMNIVM . PATRONO . COLO
NIAE . FORO . IVLI : IRIENSIvm
PATRONO . CAVSAR . FIDLISSImo
OB . INSIGNEM : CIRCA . SINGV
LOS . VNIVERSOSQVE . CIVES
INNOCENTIAM . AC : FIDEM
HOMINI . OPTIMO . CIVI . ABSTINEN
TISSIMO . COLL . FABR . DERT . PATRoNo
OB . MERITA D . D . D

AUTEURS

Qui ont parlé de la Villa del Foro.

BOTTAZZI (Giuseppe Antonio), chap. IX de son ouvrage intitulé: *le antichità di Tortona.*

BURGONTIO (Lorenzo) : *le note istoriche della Villa del Foro, in onore di Santa Varena.*

CARACCIA (Arcangelo) : *vita del glorioso Sant Baudolino*, cité par BURGONTIO.

CHENNA (Giuseppe Antonio): *del Vescovato, dei Vescovi, e delle Chiese della città e diocesi d'Alessandria.*

FERRARI, BEAUDRAND, et plusieurs autres géographes.

GHILINI (Girolamo) : *annali d' Alessandria*, page 337.

GUASCO (Carlo): *istoria delle Città d' Italia*, recueil du Comte Orlandi di Fermo, article *Alessandria.*

MERULA (Giorgio): *antichità dei Visconti*, cité par BURGONTIO.

MURATORI (Ludovico Antonio) : *antiquitates Italiæ medii ævi.*

PAUL DIACRE : *de rebus gestis Lombardorum.*

SCHIAVINA (Guillaume), dans son ouvrage sur Alexandrie et les lieux qui concourrurent à sa fondation, manuscrit à Turin.

TURCHI (Raimondo) : œuvres manuscrites, à la bibliothèque de Turin.

(*Nota.*) Il y a bien encore d'autres ouvrages dans lesquels il est question de la VILLA DEL FORO ; mais en général, si l'on excepte la dissertation de M. BOTTAZZI sur le territoire dont elle devait faire partie dans les tems reculés, et quelques bonnes citations de BURGONTIO, l'on cherchera en vain dans les auteurs des détails satisfaisans sur cet ancien *Forum.*

Planche 1.

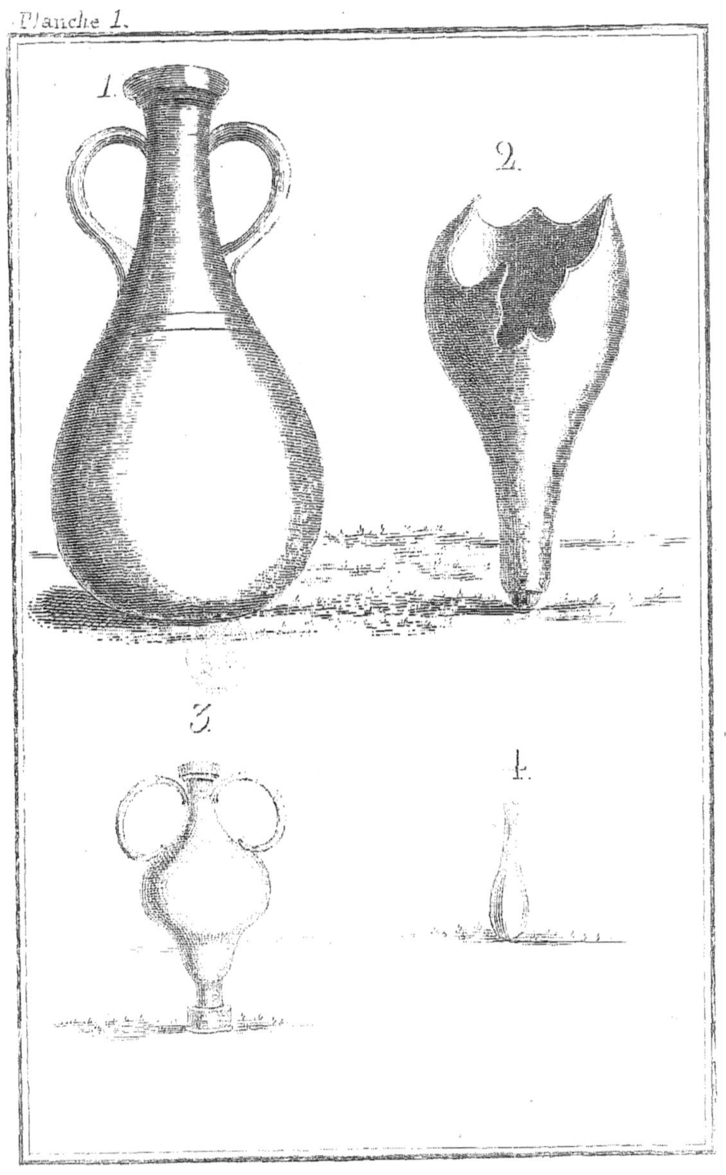

Planche 2.

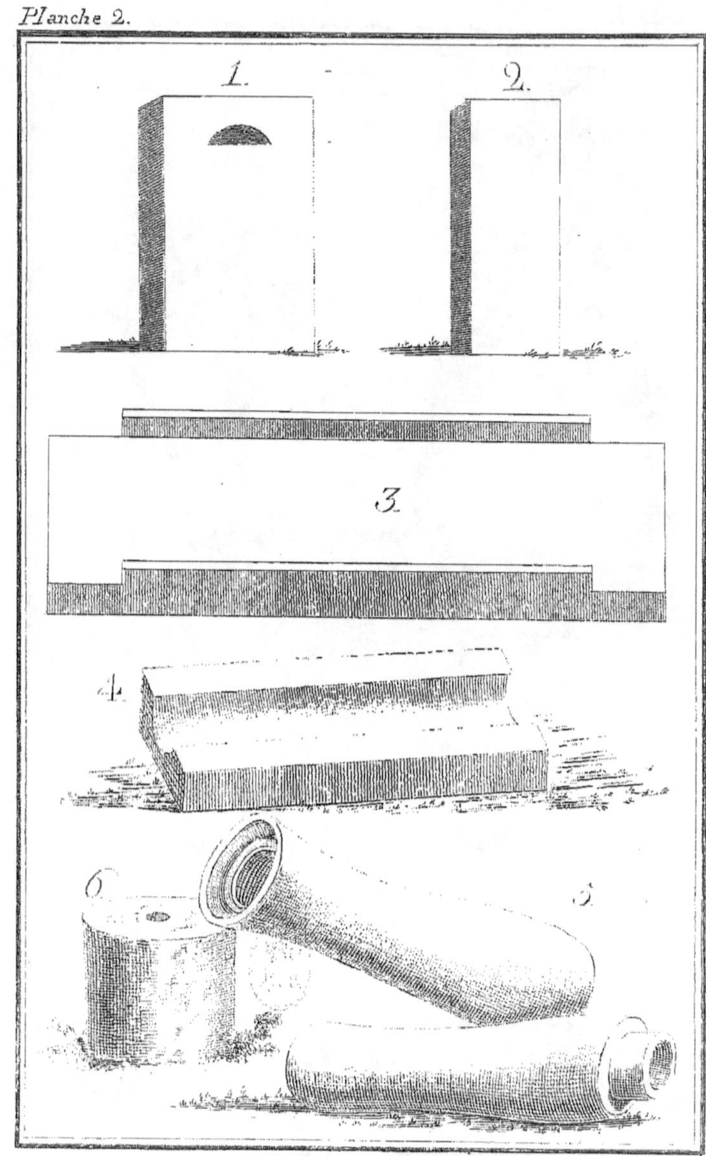

Planche 3.

Planche 4

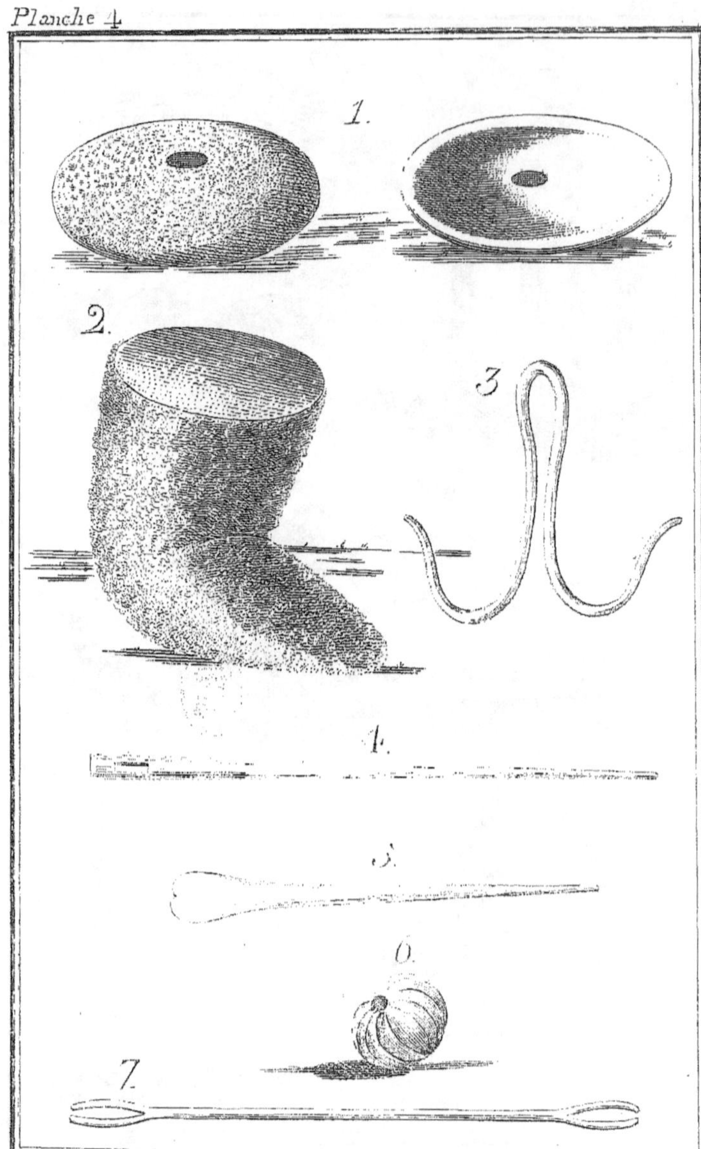

Planche 5

www.ingramcontent.com/pod-product-compliance
Lightning Source LLC
LaVergne TN
LVHW020436230826
846091LV00004B/1509

* 9 7 8 2 0 1 3 6 7 4 7 0 6 *